Kleine Gärten

schnell & einfach

> Autorin: **Judith Starck** | Fotografen: **Schneider/Will und andere bekannte Gartenfotografen** | Illustratoren: **Heidi Janiček und Judith Starck**

Inhalt

Gartenpraxis
Das 5-Stufen-Erfolgsprogramm

>> schnell & einfach

Gartenpraxis

Das ist mein Garten

Wenig Platz, aber viel Lust zum Gärtnern? Die Gegebenheiten clever genutzt, erfüllen sich selbst auf kleinem Raum Ihre Gartenträume. Der erste wichtige Schritt ist Ihre Gartenfläche kennen zu

> Es lohnt sich, die Landschaft in die Gartengestaltung einzubeziehen.

lernen und richtig einzuschätzen. Egal, ob Sie einen ringsherum geschlossenen Hinterhof in der Stadt oder einen Reihenhausgarten gestalten, die Kriterien sind die gleichen.

Bestandsaufnahme

➤ Prüfen Sie Ihren Boden, denn er ist wichtig für die Auswahl und gesunde Entwicklung der Pflanzen (→ Seite 22/23).

➤ Beobachten Sie die sich im Tages- und Jahresverlauf verändernden Licht- und Schattenverhältnisse. Die Sonne wandert von Nordost am Morgen nach Nordwest am Abend. Dabei steht sie im Sommer höher, so dass sie auch Ecken erreicht, die vielleicht im Winter schattig bleiben. Bei der Pflanzenauswahl sollten Sie den Sonnenstand berücksichtigen. Vergessen Sie aber auch Ihren eigenen »Sonnenhunger« nicht, z. B. bei der Wahl des Sitzplatzes (→ Seite 18/19). Bevorzugen Sie ein Frühstück in der Morgensonne oder genießen Sie lieber erst am Abend die letzten Sonnenstrahlen? Um sich die bestehenden Licht- und Schattenverhältnisse zu verdeutlichen, zeichnen Sie den Schattenwurf von bestehenden Gebäuden und Strukturen (Mauern, Bäume, Pergola u. a.) zu verschiedenen Tages- und Jahreszeiten am besten auf Papier auf.

➤ Abgesehen von dem gemäßigten Klima unserer Breiten herrscht im Garten ein spezielles Kleinklima, das für die Wahl der Pflanzen ebenfalls wichtig ist. Boden, Licht, Feuchtigkeit, Wind- und Lärmverhältnisse sowie die Lage beeinflussen das Kleinklima. Nutzen Sie vorhandene Sonderstandorte, z. B. feuchte, schattige Bereiche für einen Teich oder nach Süden ausgerichtete Hänge für einen trockenen Steingarten. Verwenden Sie für raue, windige Standorte nur robuste Pflanzen, z. B. Kornelkirsche oder Wolliger Schneeball. Der Vorteil im kleinen Garten ist, dass schon wenige Veränderungen wie Höhenabstufungen oder Sichtschutzelemente (→ Seite 10/11) große Wirkung haben.

➤ Bei dichter Nachbarschaft schaffen Sie sich durch einen Sichtschutzzaun mehr Intimsphäre. In einer ländlichen Gegend können Sie das schöne Umfeld und den Ausblick in ihren Garten mit einbezie-

 *Topfpflanzen und Blattschmuckstauden verwandeln auch einen kühlen, schattigen Hinterhof in eine grüne Oase.*

hen und ihn dadurch optisch deutlich vergrößern.

Neu oder alt?

Beim Neubau eines Hauses kann man Einfluss darauf nehmen, wie groß der Garten im Verhältnis zum Haus werden soll und ob z. B. ein Wohngarten mit Privatsphäre oder ein repräsentativer Vorgarten wichtiger ist.

Bei der Umgestaltung eines bestehenden Gartens muss zunächst überlegt werden, welche Elemente erhaltenswert sind (→ Checkliste). Bei der Planung ist es wichtig, neue und alte Elemente zu einem harmonischen Ganzen zusammenzufügen. Ohne gestalterisches Gesamtkon-

zept kann gerade ein kleiner Garten schnell wie ein »Flickenteppich« wirken.

Aufs Papier gebracht

Ob neu anlegen oder umgestalten – wichtige vorhandene Gegebenheiten und Ihre Wünsche bringen Sie am besten erst einmal auf dem Papier zusammen. Ein Plan mit Gebäudegrundriss und Grundstücksgrenzen liegt Ihnen vielleicht bereits vor. Zeichnen Sie vorhandene Strukturen wie Pergola, Mauer und Bäume ein, die Sie erhalten möchten. Wichtig sind auch schon bestehende Wasser- und Stromanschlüsse. Jetzt können Sie Ihrer Fantasie freien Lauf lassen und Wünsche einbauen. ■

CHECKLISTE

Was kann beim Umgestalten bleiben?

✔ Trockenmauern aus Naturstein bieten vielen Tieren Lebensraum.

✔ Natursteine können für Wege und Flächen wieder verwendet werden.

✔ Größere Bäume und Sträucher: Erhalten Sie vor allem gesunde Exemplare. Wollen Sie mehr Licht, kann ein starker Rückschnitt das Fällen ersparen.

✔ Laubhecken und Spalierbäume können durch einen Verjüngungsschnitt dem Gartenformat angepasst werden.

✔ Gemüsebeete sind durch jahrelange Kompostzufuhr besonders fruchtbar: als Nutzgarten weiter verwenden.

Das sind meine Wünsche

Haben Sie Familie? Feiern Sie gern oder entspannen lieber im Grünen? Planen Sie den kleinen Garten ganz nach Ihren Bedürfnissen. Sie können in Büchern stöbern, Gartenmärkte besuchen oder einfach mal in andere Gärten schauen – schreiben Sie auf, welche Elemente (z. B. Sitzplatz, Wasserfläche, Obst und Gemüse) Sie in Ihrem Garten haben möchten und ordnen Sie diese nach Priorität. Auch wenn es schwer fällt – bei der Planung auf kleinem Raum gilt »weniger ist mehr«!

Auswahlkriterien

➤ **Nutzung:** Was ist Ihr Hauptanliegen? Wenn Sie Kinder haben ist es wichtig, interessante Spiel- und Entdeckungsmöglichkeiten einzuplanen, kombiniert mit einem Rasen zum Herumtollen (→ Seite 32/33). Der passionierte Hobbygärtner wird stattdessen viele Pflanzflächen bevorzugen.

➤ **Pflegeaufwand:** Verbringen Sie gerne Stunden mit Gartenarbeit oder liegen Sie lieber im Liegestuhl? Wählen Sie Materialien und Pflanzen abhängig von Ihrem Zeitbudget aus. Einen grünen Teppich aus Bodendeckern etwa muss man im Gegensatz zum Rasen nicht mähen und bringt auch eine ruhige Fläche in den Garten. Im Gegensatz zu Holzzäunen brauchen Zäune aus Metall keine jährliche Pflege.

Kleines Immergrün ist ein hübscher Bodendecker für den Schatten.

➤ **Kosten:** Hier liegt ein Vorteil des kleinen Gartens, denn kleinere Flächen bedeuten geringere Materialmengen, also niedrigere Kosten. Andererseits kann man dadurch hochwertigere und somit teurere Materialien wählen, z. B. Naturstein statt Betonstein für Wege und Plätze.

➤ **Realisierung:** Ist mein Plan praktisch umsetzbar? Beachten Sie zeitliche Abfolgen in der Bauphase. Wie zugänglich ist das Grundstück während der Bauabläufe? In einem Hinterhof kann es z. B. notwendig sein, Material und Maschinen mit dem Kran über Mauern zu heben. Überlegen Sie außerdem, was Sie

Ein Kiesbelag und flächige Pflanzung erfordern nur wenig Pflege.

selbst bauen können oder wo professionelle Hilfe nötig ist.

Optimal umgesetzt

Erfahrungsgemäß sollte man sich bei der Anordnung der Gartenelemente an folgende Gestaltungsregeln halten – vor allem kleine Flächen wirken dann einfach besser.

➤ Im kleinen Garten ist es wichtig, **verschiedene Gartenräume** zu schaffen, wie Zimmer in einem Haus (→ Seite 10/11). Das macht ihn interessant, denn dem Betrachter wird die Fläche nicht auf einmal preisgegeben. Trennen Sie die Räume durch Hecken, Zäune, Sichtschutzelemente, Paravents u. ä. Durchblicke wecken die Neugier auf den dahinter liegenden Teil des Gartens. Verbinden Sie die Bereiche durch Wege (s. u.) und schon haben Sie das Grundgerüst.

➤ **Wegeführung:** Ein wirkungsvoller Trick für kleine Gärten sind diagonale oder geschwungene Wege, deren Verlauf nicht auf Anhieb erkennbar ist. Das täuscht mehr Raum und Tiefe vor. Der Weg selbst soll spannend sein, nicht komplett überschaubar. Lassen Sie einen geraden Weg deshalb zu einem Blickfang

> *Viele Wünsche, wenig Raum – mit der richtigen Planung kein Problem!*

führen, flankieren ihn mit Trennelementen (Torbogen, Kübelpflanzen) oder weiten ihn an einer Stelle etwas auf.

➤ Nun **füllen Sie das** »Gerüst« mit Leben. Fügen Sie Pflanzen ein (→ ab Seite 40), wählen Sie Materialien für Wege und Treppen (→ Seite 28/29) aus und spielen Sie mit unterschiedlichen Höhenniveaus. Abgerundet wird das ganze durch optische Tricks und Täuschungsmanöver (→ Seite 10/11). ■

CHECKLISTE

Der liebe Nachbar

✔ Beachten Sie Mindestgrenzabstände für die Pflanzung von Bäumen (Info bei Gemeinde- bzw. Stadtverwaltung).

✔ Für Zäune und Mauern auf der Grenze sind beide Nachbarn verantwortlich. Streben Sie doch eine Platz sparende gemeinsame Grenzgestaltung an.

✔ Zweige und Wurzeln aus Nachbars Garten, die Ihre Gartennutzung beeinträchtigen, muss er auf Verlangen beseitigen.

✔ Fallobst des nachbarlichen Gartens dürfen Sie behalten.

Einfallsreich strukturieren

Mit den richtigen Tricks wird Ihr Garten zu einem Kleinod. Da merkt keiner, dass Ihr grünes Paradies nur wenige Quadratmeter groß ist. Gerade im kleinen Garten ist gute Planung wichtig, damit sich viele Ihrer Wünsche erfüllen und Sie den maximalen Nutzen erzielen. Mit folgenden Tipps setzen Sie Ihren Garten optimal in Szene.

Räume bilden

Um den Garten abwechslungsreich und interessant zu machen, teilen Sie ihn in verschiedene Bereiche mit unterschiedlichen Schwerpunkten oder Themen (Nutzgarten, Spielfläche, Sitzplatz, Rosengarten u. ä.) ein. Damit die einzelnen Bereiche wirken und der Garten nicht gleich überschaubar ist, trennen Sie die Gartenräume deutlich voneinander ab.

➤ Entweder Sie nehmen hierfür feste Elemente wie begrünte Rankgerüste aus Holz oder Metall, Spaliere, Mauern oder Pergolen. Im kleinen Garten dürfen sie aber nicht zu schwer und klobig sein. Wählen Sie deshalb für größere Bauteile (Pergola) filigrane, leichte Bauweisen z. B. aus Metall.

➤ Die andere Variante sind lebendige Trennungen aus Pflanzen. Die geschnittene Hecke ist hier die Platz sparende Alternative zur breit wachsenden Strauchhecke. Allerdings sollen die Trennelemente auch nicht erdrücken – ein Fenster in der

➤ Schon ein etwas höher angelegtes Beet hat große Wirkung im Garten.

Hecke oder im Zaun schafft Transparenz, vermittelt Geräumigkeit und macht neugierig auf dahinter liegende Bereiche.

➤ Den Übergang von einem »Zimmer« zum nächsten können Sie zusätzlich mit einem hübschen Torbogen oder flankierenden Kübelpflanzen betonen. Ein Spalier mit Obst verbindet das Nützliche mit dem Schönen.

Die 3. Dimension

Lassen Sie doch einfach Ihre Pflanzen »in die Luft gehen«, um zusätzliche, nutzbare Pflanzfläche zu schaffen! Nutzen Sie die Vertikale und begrünen Sie Grenzmauern,

➤ Gut in die Umgebung integriert wirken Spiegel optimal.

Zäune usw. mit hübschen Kletterpflanzen (→ Seite 30/31). Trennelemente bekommen ein grünes Kleid und werden lebendiger.

➤ Für Plätze in Ihrem nahen Blickfeld wählen Sie lieber schön blühende einjährige Kletterer, z. B. Prunkwinde oder Schwarzäugige Susanne. Das bringt jährlich eine Abwechslung.

➤ Für dauerhafte Eingrünung, z. B. als Sichtschutz, eignen sich mehrjährige »Gipfelstürmer« wie Wilder Wein oder Efeu.

➤ Weitere Möglichkeiten Fläche zu schaffen bieten Pflanzregale und Etageren. Hier können Sie Töpfe und Gartenutensilien schön arrangiert unterbringen.

Höhenabstufungen

Abgestufte Niveaus bringen optische Spannung in den Garten. So wird der Garten interessanter, denn an verschiedenen Stellen wechselt sich für den Betrachter die Perspektive. Es reichen oft schon 15–30 cm, also 1–2 Treppenstufen, um diese Wirkung zu erzielen.

➤ In einem abgesenkten Sitzplatz fühlen Sie sich geborgen und geschützt.

> *Dieses begrünte Astgeflecht ist Trennelement und Blickfang in einem.*

➤ Ein erhöhtes Pflanzbeet ist nicht nur bequem zu bearbeiten, kleine Mauern drum herum sind gleichzeitig Sitzfläche (→ Seite 26/27).

➤ Erhöhungen und Senken beeinflussen das Kleinklima. Ein Hochbeet rückt die Pflanzen mehr ins Licht und verbessert die Sonneneinstrahlung, eine Senke dagegen bekommt kühleres Kleinklima. Richten Sie Senken deshalb nicht nach Norden aus. ■

PRAXISINFO

Perfekte Täuschung

Mit ein paar Tricks lässt sich unsere Wahrnehmung überlisten:

✗ Stellen Sie einen Spiegel ans Ende eines Pflanzbeetes oder integrieren ihn in einer Mauernische.

✗ Illusionsmalerei auf der umgrenzenden Mauer weitet: Werfen Sie mit Hilfe des Diaprojektors ein Landschaftsmotiv an die Wand und malen Sie es nach.

✗ Nutzen Sie die Wirkung der Farben: Kalte Farben (Blau, Weiß, Silbrig) im Hintergrund lassen Beete tiefer erscheinen.

Mit Pflanzen gestalten

Wilder Dschungel oder formale Eleganz? Auch bei wenig Platz lassen sich verschiedene Stile verwirklichen. Mit der richtigen Pflanzenwahl wird die grüne Oase zum ganzjährigen Vergnügen. Ein paar Grundsätze sollten Sie dabei beachten:

> *Farne und Funkien im Schatten bestechen mit ihren Blattformen.*

➤ Wählen Sie nur Pflanzen, die zu den Standortbedingungen in Ihrem Garten passen (→ ab Seite 40).
➤ Berücksichtigen Sie das Wachstum in 10–15 Jahren. Bei den anfänglich kleinen

Pflanzen kann man sich gar nicht vorstellen, dass es nach wenigen Jahren eng wird und der Garten »überquillt«.
➤ Sträucher und Bäume in einem kleinen Garten sollten schnittverträglich sein, damit sie in Form gehalten werden können (→ Seite 38/39).
➤ Bevorzugen Sie kleine Bäume mit säulen- oder kugelartigem, kompaktem Wuchs (z. B. Kugel-Ahorn), die wenig Schatten werfen.
➤ Entscheiden Sie sich für Pflanzen mit langer Blühzeit und welche, die das ganze Jahr eine gute Figur machen. Denn gerade auf kleinem Raum stehen alle Pflanzen fast immer im Blickfeld.
➤ Auch bei der Zusammenstellung gilt: Weniger ist mehr. Zu viele verschiedene Arten stiften eher Unruhe.

Farbwirkung

Nutzen Sie den Einfluss von Farben auf unser Raumempfinden:
➤ Warme Farben von Rot bis Gelb treten in den Vordergrund und bewirken damit eine optische Verkleinerung.

➤ Kalte Farben wie Blau, Weiß und Silbrig treten zurück und lassen den Garten größer erscheinen.
➤ Ton-in-Ton-Pflanzungen z. B. in Rosa-Violett wirken beruhigend.
➤ Bunte Kombinationen mit Komplementärfarben (gelb-violett, blau-orange) ziehen die Aufmerksamkeit auf sich und treten damit in den Vordergrund.
➤ Dunkle Ecken lassen sich mit Pflanzen aufhellen, die helles oder panaschiertes Laub oder weiße Blüten haben.

Ein Beet bepflanzen

Beachten Sie zunächst folgende allgemeine Prinzipien für ein gut gestaltetes Beet.
➤ Höhenstaffelung: Vor einer Mauer o. ä. sollten höher wachsende Arten in den Hintergrund, damit sie andere Pflanzen nicht verdecken. Nach vorne pflanzen Sie niedrigere. Bei einem von allen Seiten einsehbaren Beet staffeln Sie in der Mitte hoch und an den Rändern niedriger.
➤ Sie haben länger Freude an Ihrem Blütenbeet, wenn nicht

Obst, Gemüse & Co.

Ob Bauerngarten oder kleine Naschereien aus Topf und Kübel – es gibt viele Platz sparende Möglichkeiten für Gaumenfreuden.
Entscheiden Sie sich dafür, den größten Anteil Ihres klei-

> *Klein, aber fein ist dieses dekorative Gemüsebeet im Kiesbett.*

nen Gartens für Obst, Gemüse und Kräuter zu nutzen, dann gestalten Sie ihn z. B. im dekorativen Bauerngartenstil. Reichen Ihnen ein paar Naschereien, dann mischen Sie doch einfach dekoratives

Obst und Gemüse in ein Zierpflanzenbeet. Oder Sie setzen auf Gaumenfreuden aus Töpfen und Kübeln. Wichtig für gutes Gedeihen ist ein sonniger Standort.

Bauerngartenflair

Typisch für den Bauerngarten sind symmetrisch angelegte, mit Buchs eingefasste Beete, in denen Nutz- und Zierpflanzen zusammen gedeihen (Mischkultur) – die ideale Verbindung für Auge und Gaumen. Diese Mischung ist nicht nur abwechslungsreich, sie wirkt auch Schädlingsbefall und Krankheiten entgegen (→ Seite 36/37). Statt Buchs können Sie auch Kräuter (Schnittlauch, Petersilie, Lavendel) oder Heiligenkraut als Beeteinfassung wählen. Setzen Sie die Nutzpflanzen an den Rand der Beete, um leichter zu ernten.

Klein und praktisch

Am Spalier gezogenes Obst wie Apfel, Birne oder Kirsche ist im Vergleich zum Baum Platz sparender. Man kann damit ein Trennelement

begrünen oder unschöne Wände kaschieren. Statt strengem Spalier ist auch eine Pergola möglich – lassen Sie sie locker mit Wein beranken, dann fallen Ihnen die Früchte direkt in den Mund.
Obstbäume gibt es auch als niedrig wachsende Sonderformen. Ein Spindelbusch z. B. wird am Pfahl nur 70 cm hoch gezogen und hat eine schlanke Krone. Fragen Sie auch nach Säulenapfelbäumen, den so genannten Ballerina-Bäumen, die sehr gut für die Kübelkultur geeignet sind (→ Seite 16/17).
In Töpfen und Kübeln gedeihen fast alle Kräuter, Tomaten, Paprika, Zucchini, Salat, Radieschen, Erdbeeren und Johannisbeeren.

Das Hochbeet

Wenn bei einer Umgestaltung eines alten, zu dicht eingewachsenen Gartens viel Grünabfall (Schnittgut, Zweige, Äste, Laub) anfällt, legen Sie damit doch ein Hochbeet an. Durch seine Wölbung bietet dieses Beet viel Oberfläche auf wenig Raum. Der

> *Ein Bauerngarten mit Nutz- und Blütenpflanzen: Sie tun sich gegenseitig gut und erfreuen Gaumen und Augen.*

Nährstoffreichtum ist ideal für Gemüse & Co. Durch die Erhöhung ist es außerdem bequem zu bearbeiten.

➤ Heben Sie an einer sonnigen Stelle eine 20–30 cm tiefe Grube in gewünschter Länge und Breite (max. 120 cm) aus. Legen Sie auf dem Boden Kaninchendraht aus, zum Schutz vor Wühlmäusen.

➤ Mit stabilen Brettern oder Rundhölzern bauen Sie eine ca. 60–70 cm hohe Umrandung (im Fachhandel auch als Bausatz erhältlich).

➤ Schichten Sie zunächst eine etwa 30 cm hohe Lage aus Ästen, Zweigen und Laub in die Grube.

➤ Dann folgt eine etwa 30 cm dicke Lage aus grobem Kompost. Den Rest füllen Sie mit einem Gemisch aus Gartenerde und reifem Kompost auf. Da das Hochbeet im Laufe des Sommers sackt, schütten Sie einen ca. 40 cm hohen Hügel auf.

Ein Hochbeet eignet sich gut für Mischkultur, d. h. mit verschiedenen Gemüsen, Salaten und Kräutern: Buschtomaten und Paprika wachsen in der Mitte des Beetes, auf der Fläche Salate, Kohlrabi, Möhren und Steckzwiebeln, an den Rändern haben Kräuter wie Schnittlauch, Petersilie, aber auch Spinat oder Feldsalat Platz. Zucchini, Mini-Gurken und Zuckermelonen ranken über den Rand. ■

PRAXISINFO

Pflanzen für den Bauerngarten

✗ **Dekorative Gemüse und Salate:** Blumenkohl, Kürbis, Rotstieliger Mangold, Rotkohl, Spitzkohl, Kopfsalat, Lolo Rosso

✗ **Aromatische Kräuter:** Dill, Kresse, Lavendel, Salbei, Schnittlauch, Thymian

✗ **Leckere Kletterer:** Bohnen, Erbsen, Kapuzinerkresse, Kiwi, Tomaten, Wein

✗ **Attraktive Blüher:** Sommerblumen wie Bartnelke, Fingerhut, Ringelblume, Sonnenblume, Stockrose, Zinnie; Stauden wie Akelei, Herbstaster, Lupine, Mohn, Pfingstrose, Rittersporn, Schafgarbe; Zwiebel- und Knollenblumen wie Dahlie, Gladiole, Kaiserkrone, Lilie, Narzisse, Tulpe

Der mobile Garten

Mit Kübelpflanzen bringen Sie Abwechslung in den Garten. Lassen Sie Ihrer Gestaltungsfreude freien Lauf!
Ob Blühwunder oder Nutzpflanze, exotisch oder heimisch, Strauch oder Hochstämmchen – sie alle gedeihen auch im geeigneten Topf. Anders als fest in der Erde lassen sie sich nach Lust und Laune spontan neu arrangieren. Die Stellfläche können Sie durch Pflanzenregale und Etageren erweitern und auf Treppe und Mauerkrone ausdehnen. Mit einfachen Topfhalterungen an der Wand oder Hängeampeln kann auch noch die Vertikale genutzt werden.

➤ **Exoten und Spezialisten:** Mit Kübeln haben Sie die Möglichkeit Pflanzen zu halten, die normalerweise in unseren Breitengraden nicht wachsen (achten Sie allerdings auf Überwinterungsmöglichkeiten im Haus). Mit Spezialsubstrat und Kübel kommen Sie auch in den Genuss von Azaleen, selbst wenn ihr Gartenboden für diese Blütenwunder nicht geeignet ist (→ Seite 22/23).

➤ **Nutzpflanzen:** Reicht Ihr Grundstück für einen eigenen Nutzgartenbereich nicht aus, können Sie Gemüse und Kräuter für kleine Nascherreien auch aus dem Topf ernten. Für Kräuter und Erdbeeren gibt es sogar spezielle Töpfe (Taschenamphore), die Platz sparend sind. Fast alle Obstarten können Sie auch als kleine Bäumchen im Kübel halten (→ Seite 14).

Optimal platzieren

➤ Setzen Sie Akzente mit auffälligen Exemplaren als Blickfang, z. B. an Wegenden.
➤ Topfpflanzen kaschieren unschöne Bodenbeläge.
➤ Scharfe Konturen und Kanten von Mauern oder Stufen werden durch Kübel optisch aufgehoben.
➤ Topfpflanzen spielen auch gerne mal den »Lückenfüller« bei noch jungen Pflanzungen.
➤ Für die Terrasse eignen sich duftende und lang blühende Arten, z. B. Lavendel, Rosen, Ziertabak.

Töpfe in Variationen

Unter den Gefäßen ist für jeden Geschmack und Stil etwas Passendes dabei: von einfachen Ton- oder Terrakottatöpfen, Gefäßen aus Holz oder Metall bis hin zu ausgedienten Fässern, Gießkannen oder Zinkwannen. Kleinere Tontöpfe wirken in großen Gruppen oder Reihen, große, aufwändig gestaltete Gefäße

> *Lücken im Beet können Sie auch mit einer Kübelpflanze füllen.*

TIPP

>> schnell
und einfach

Heil überwintern

Drinnen (Exoten):
➤ Regelmäßig auf Krankheiten und Schädlinge kontrollieren.

➤ Verwelkte und verletzte Pflanzenteile entfernen.

➤ Bei Bedarf etwas gießen, Wurzelballen nie ganz austrocknen lassen.

Draußen (Frostharte):
➤ Stellen Sie die Pflanze windgeschützt auf.

➤ Die Gefäße mit Noppenfolie, Kokosfilztaschen o. ä. verpacken, empfindliche Pflanzen extra mit Sackleinen.

> *Mit Pflanzregalen und Topfpflanzen wird eine Gartenmauer zum blühenden Treffpunkt.*

PRAXISINFO

Pflanzen für Sonne und Schatten

✗ **Sonnenliebende Blüher:** Bleiwurz *(Plumbago auriculata)*, Oleander *(Nerium oleander)*, Schmucklilie *(Agapanthus-Hybriden)*, Schönmalve *(Abutilon-Arten)*, Strauchmargerite *(Argyranthemum frutescens)*, Wandelröschen *(Lantana camara)*, Zitrusbäumchen *(Citrus-Arten)*

✗ **Schattenverträgliche Blüher:** Engelstrompete *(Datura-Arten)*, Enzianbaum *(Lycianthes rantonnetii)*, Hortensie *(Hydrangea macrophylla)*, Mittelmeerschneeball *(Viburnum tinus)*

kommen eher als Blickfang und einzeln zur Geltung.

Ein- und Umtopfen

➤ Wichtig ist ein Abzugsloch und die Drainageschicht über dem Topfboden, damit überschüssiges Wasser ablaufen kann und die Wurzeln nicht verfaulen. Füllen Sie zuerst ein paar Tonscherben und grobkörniges Material wie Kies und Tongranulat in den Topf.
➤ Verwenden Sie Einheitserde aus dem Gartenfachhandel. Der Dünger darin reicht für die ersten Wochen.

➤ Befüllen Sie den Topf zunächst ca. bis zur Hälfte mit Substrat. Setzen Sie dann die Pflanze ein und füllen bis auf die letzten 2–3 cm den Topf mit Erde auf. Dabei das Gefäß immer wieder leicht auf den Boden stoßen, damit sich das Substrat setzt.
➤ Zum Schluss die Erde andrücken und gut wässern.
➤ Nehmen Wurzeln den ganzen Platz im Topf ein und sind sie bereits im Drainageloch sichtbar, wird es Zeit für einen größeren. ■

Lauschige Sitzplätze

Geselliger Treffpunkt für die Familie oder gemütliche Leseecke – Platz für einen schönen Sitzplatz ist auch im kleinsten Garten.
Wägen Sie Ihre Bedürfnisse und Ansprüche ab und ge-

> *Die Bank im abgesenkten Bereich verspricht ruhige Behaglichkeit.*

stalten Sie je nach Platz verschiedene Sitzmöglichkeiten.

Was Sie wollen
➤ Ein Frühstück zu zweit oder geselliges Grillfest – je nach Nutzung muss der Sitz-

platz dimensioniert sein. Ein kleiner Tisch mit zwei Stühlen benötigt ca. 5 m², ein größerer mit sechs Stühlen rund 12 m². Wenn viele Leute unterkommen sollen, ist eine Bank Platz sparender.
➤ Entscheiden Sie, wann Sie die Sonne genießen möchten. Zum Frühstück in der Morgensonne sitzen Sie am besten auf einem nach Osten ausgerichteten Platz, Richtung Westen können Sie die letzten Sonnenstrahlen am Abend genießen. Denken Sie auch an genügend Platz für Sonnenschutz wie Schirm, Segel oder Markise.
➤ Bei geselligen Runden brauchen Sie vielleicht öfter

etwas aus der Küche, deshalb ist der Platz auf der Terrasse direkt am Haus dafür am besten. Suchen Sie dagegen einen Rückzugsort zum Lesen, können Sie mit einem Klappstuhl ganz verschiedene Winkel im Garten ausprobieren.

Wetter- und Sichtschutz
➤ Wollen Sie bei jeder Witterung Ihren Sitzplatz genießen, brauchen Sie ein regendichtes Dach. Eine Pergola schützt je nach Ausführung, Material und Bewuchs nur gegen Sonne, Wind und leichten Regen. Im kleinen Garten ist ein leichtes und filigranes Erscheinungsbild wichtig. Pfosten aus Metall

TIPP

Platz sparendes Mobiliar   >>schnell und einfach

➤ Wählen Sie Klapptische und Klappstühle für einen flexiblen, schnellen Einsatz.

➤ Eine Holztruhe bietet Sitzgelegenheit und zugleich Stauraum für Polster oder Gartenwerkzeug.

➤ Stapelbare Stühle kann man Platz sparend aufbewahren. Oft transportierte Stücke sollten aus leichten Materialien (Aluminium, Korbgeflecht) bestehen.

➤ Bierbänke und -tische sind robust, unempfindlich und ideal für jede gesellige Runde.

etwa können kleiner dimensioniert werden als aus Holz, bewachsene Verstrebungen aus Stahlseilen wirken sehr transparent und leicht.

➤ Für häufig benutzte Sitzecken wählen Sie einen geschützten Platz oder bringen einen Sichtschutz an, damit Sie sich nicht wie auf dem Präsentierteller fühlen. Eine Wand oder Mauer gibt Geborgenheit. Sie können z. B. eine Mauer in Verlängerung der Hauswand anbauen. Leichter wirken begrünte Sichtschutzelemente aus Holz und Metall (Fertigbauteile aus dem Baumarkt oder individuelle Maßanfertigungen vom Schreiner bzw. Schlosser). Weniger abweisend und transparenter wirkt ein Schutz aus Sträuchern oder Kübelpflanzen.

Schöne Bodenbeläge

Alle befestigten Flächen im Garten sollten aus einem Guss sein. Wählen Sie lieber nur wenige verschiedene Materialien, das wirkt besonders im kleinen Garten harmonischer.

➤ Holzdecks haben eine freundliche und wohnliche Ausstrahlung. Hier ist aber Holzschutzpflege nötig.

> *Pflanzen und Möbel in einer Farbe – die perfekte Harmonie.*

➤ Naturstein passt fast zu allen Gärten. Er ist teurer als Betonstein, jedoch unverwechselbar und individuell. Wählen Sie am besten die in Ihrer Gegend vorkommende Gesteinsart. Dann haben Sie geringere Anschaffungskosten und kürzere Lieferzeiten.

➤ Nicht jeder Sitzplatz muss befestigt sein. Eine Kies- oder Rindenmulchdecke reicht für einen Klappstuhl und -tisch. Oder stellen Sie einen Liegestuhl doch einfach auf den Rasen. ■

PRAXISINFO

Für die Sinne

Untermalen Sie die Gartenatmosphäre mit:

✗ **betörenden Duftpflanzen:** Duftsteinrich, Duftwicke, Engelstrompete, Flammenblume, Geißblatt, Lavendel, Lilie, mediterrane Kräuter, Pfeifenstrauch, Rosen, Sommerflieder

✗ **angenehmen Geräuschen:** Wasserspiele, Klang- bzw. Windspiele aus Metall oder Bambus

✗ **interessanten Blickfängen:** exotische Pflanzen, Skulpturen, Windspiele, Lichteffekte

alle Pflanzen gleichzeitig blühen, sondern sich von Frühjahr bis Herbst ablösen. Denken Sie bei der Auswahl auch an Blattschmuckstauden (z. B. Frauenfarn, Funkie) und filigrane Gräser (z. B. Rutenhirse, Segge).

➤ Zuerst wird ein »Gerüst« aus größeren Gehölzen gepflanzt, das die Kulisse für die blühenden Hauptdarsteller bildet. Hierfür eignen sich immergrüne und langsam wachsende Gehölze wie Buchs, Eibe oder Stechpalme.

➤ Dann füllen Sie das Gerüst mit blühenden Stauden, Zwiebelpflanzen und Sommerblumen. Wählen Sie zuerst 1–2 dominante Arten als Leitpflanzen. Nehmen Sie hiervon aber kleinere Sorten, bei Rittersporn z. B. *Delphinium-Belladonna* 'Piccolo', sie wirken nicht so wuchtig. Setzen Sie Gruppen mit 1–3 Exemplaren als Schwerpunkte in die Fläche.

➤ Füllen Sie die Zwischenräume mit Begleitpflanzen in unterschiedlich großen Gruppen, am besten mit ungerader Anzahl. Für den kleinen Garten wiederum nehmen Sie lieber keine stark wuchernden oder verdrängenden Arten.

> *Rosen, Glockenblumen und Salbei strahlen mit der Sonne um die Wette, gerahmt von silbrigem Laub.*

➤ Zum Schluss wird die Fläche mit bodendeckenden Stauden geschlossen.

➤ Entstehen durch früh einziehende Stauden Lücken können Sie diese mit Einjährigen oder Zwiebelpflanzen füllen, oder Sie stellen ganz einfach eine Kübelpflanze ins Beet.

Flächige Pflanzung

Eine Fläche mit nur 1–2 Arten zu bepflanzen reduziert den Pflegeaufwand, schafft einen Ruhepol und bewirkt eine optische Vergrößerung. Von den Gehölzen eignen sich Dickmännchen oder Polsterspiere, bodendeckende Stauden sind Immergrün oder Kriechender Günsel. Wollen Sie auf Rasen ganz

verzichten, ist ein duftender grüner Teppich aus Thymian (*Thymus serpyllum, Th. doerfleri*), Kamille (*Chamaemelum nobile*) oder Minze (*Mentha pulegium*) eine Alternative. ■

Ein Garten für die
Entspannung

Ein nach asiatischem Vorbild gestalteter Garten ist wie ein Ruhepol und besonders für kleine Flächen geeignet.
In einem solchen pflegeleichten »Entspannungs-Garten« tauchen Sie in eine andere Welt ein und genießen die meditative Stimmung.

➤ Der Garten im Zen-Stil direkt bei der Terrasse hat eine wohltuende und beruhigende Atmosphäre. Auf der einen Seite liegt eine pflegeleichte, flächige Pflanzung mit Bodendeckern (z. B. Immergrün, Dickmännchen), darin stehen als Akzente unterschiedlich große, formal geschnittene Buchskugeln.

➤ Gegenüber legen Sie eine Kiesfläche mit kleinen Felsgruppen, kleinwüchsigen Bergkiefern (*Pinus mugo* 'Mops') und Lavendelheide an. Je feinkörniger der Kies, umso schöner können Sie verschiedene Muster in den Kies harken.

➤ Wandeln Sie auf dem farblich abgesetzten Pflasterband (z. B. Steine mit Keramikaufsatz) in den abgetrennten hinteren Gartenraum, ein grüner »Dschungel« mit Bambus, Gräsern, Sträuchern und Bodendeckern.

➤ Im Liegestuhl auf dem erhöhten Holzdeck können Sie Sonne tanken und Ihre Seele baumeln lassen.

➤ Die mit z. B. Thymian (*Thymus serpyllum*) oder Kamille (*Chamaemelum nobile*) bepflanzte pflegeleichte Duftspirale verströmt ihr betörendes Aroma.

➤ Ein Whirlpool bringt Entspannung pur und ist ideal, um nach einem stressigen Tag die Lebensgeister zu wecken.

Asiatischer Stil: Diese Holzliegestühle laden ein, sich auszuruhen und den Blick im Garten schweifen zu lassen.

Holzdeck

Duftspirale

Whirl-pool

Pflaster-band

Zen-Garten

Terrasse

Haus

Abstrakte Landschaft: Mit Kies und Felsen symbolisieren die Japaner in ihren Gärten die Natur in ganz reduzierter Weise.

> **Besinnlichkeit** in zwei ganz verschiedenen Gartenräumen: Zen-Garten am Haus und grüner Dschungel im hinteren Teil.

Eine Spirale steht für den Anfang des Lebens. Innen oder außen herum bepflanzt wird sie zum Dufterlebnis.

Den Boden vorbereiten

Mit leerem Magen lässt es sich schlecht leben – so geht es auch Ihren Pflanzen.
Der Boden gibt den Pflanzen Halt. Nährstoffe, die darin gespeichert sind, bilden zusammen mit Wasser und Licht die Lebensgrundlage der Pflanzen. Finden Sie

> *Bleibt die Rolle stabil, haben Sie einen Tonboden (s. Praxisinfo).*

heraus, welcher Boden in Ihrem Garten vorhanden ist (→ Praxisinfo und Tippkasten) und wie er gegebenenfalls optimiert werden kann. Denn nicht jeder Boden ist gleich gut für jede Pflanze.

Die Bodenarten

Jahrtausende lange Verwitterung von Gestein und die Arbeit kleinster Bodenlebewesen ließen unseren Boden entstehen. Das Gestein ist für den mineralischen Anteil, die Körnung und somit für die Struktur verantwortlich. Die Bodenlebewesen zersetzen tote Pflanzen und Tiere und bilden den organischen Anteil. Mit der Krümelprobe (→ Praxisinfo), können Sie Ihren Boden bestimmen.

➤ **Tonböden** bestehen aus sehr feinen Teilchen, haben einen hohen Nährstoffanteil und sind feucht bis nass. Sie lassen sich schwer bearbeiten, und verdichten schnell.

➤ **Sandböden** sind locker, durchlässig, gut durchlüftet und somit leicht zu bearbeiten. Sie speichern jedoch kaum Nährstoffe und Wasser.

➤ **Lehmböden** vereinen die Vorzüge der Sand- und Tonböden und sind optimal für die Gartenpflanzen.

Organische Substanz

Bei der Zersetzung von pflanzlichem Material durch unzählige Bakterien und Kleinstlebewesen im Boden entsteht reichhaltiger Humus. Das ist die »Crème de la crème« für Pflanzen, hier stecken wichtige Nährstoffe. Durch die Arbeit der Regenwürmer wird der Boden

TIPP

>> schnell und einfach

Sauer oder alkalisch?

Der Säuregrad bzw. Kalkgehalt des Bodens lässt sich mit Mess-Sets aus dem Gartenfachhandel feststellen. Wählen Sie entsprechend dem pH-Wert des Bodens Ihre Pflanzen aus (→ ab Seite 40).

➤ Bei 7 verhält sich der Boden neutral; die meisten Pflanzen mögen einen Wert zwischen 5 und 7,5.

➤ Werte unter 7 zeigen sauren (kalkarmen) Boden.

➤ Werte über 7 einen alkalischen (kalkreichen) Boden.

zudem gelockert und durchlüftet.

➤ Um den Humusgehalt zu bestimmen, graben Sie ein spatentiefes Loch und schauen sich die Schichtung, das so genannte Bodenprofil an. Je dunkler die Farbe der oberen Bodenschicht, desto höher ist der Humusgehalt.

Boden verbessern

Gerade im kleinen Garten hat man kaum Ausweichmöglichkeiten und muss deshalb ungünstige Bedingungen direkt ausgleichen. Durch Bauarbeiten beim Neubau wird der Boden stark verdichtet und beansprucht, ebenso bei einem alten Garten durch die jahrelange, einseitige Nutzung. Deshalb ist eine gründliche Bodenlockerung, z.B. durch Fräsen oder Umgraben, der erste Schritt zur Verbesserung.

➤ **Tonböden** können Sie leichter bearbeiten, wenn Kompost, Stallmist, Gesteinsmehl, Kalk und Sand eingearbeitet werden. Die Nährstoffsituation verbessern Sie dabei gleich mit.

➤ Arbeiten Sie bei **Sandböden** regelmäßig abgelagerten Mist, Steinmehl, Kompost und Algenkalk ein, um einen

> *Augenschmaus und Düngung zugleich ist der tiefwurzelnde Bienenfreund (Phacelia).*

höheren Nährstoffgehalt zu erreichen.

➤ **Lehmböden** unterstützen Sie durch regelmäßige Gaben von organischem Material, z.B. Kompost.

Gründüngung

Durch eine Gründüngung erhöhen Sie den Humusgehalt des Bodens. Hierfür benötigen Sie ca. eine Pflanzzeit Vorlauf, aber diese »Wartezeit« lohnt sich, denn ein besserer Boden bringt gesündere Pflanzen hervor. Säen Sie von Frühjahr bis Ende Juli Bienenfreund, Ölrettich, Ringelblume, Senf oder Kartoffeln aus. Direkt nach der Blüte mähen Sie den Bewuchs ab. Lassen Sie ihn ein paar Tage trocknen und

arbeiten ihn oberflächlich ein. Über den Winter ruht Boden, und im nächsten Frühjahr können Sie mit der richtigen Bepflanzung loslegen. ■

PRAXISINFO

Bodenart bestimmen

Zerreiben oder rollen Sie leicht angefeuchtete Erde mit den Fingern.

✗ Tonboden bleibt an den Händen kleben und lässt sich leicht zu einer relativ stabilen Rolle formen.

✗ Sandboden krümelt, rieselt schnell durch die Finger und lässt sich nicht rollen.

✗ Lehmboden klebt nur wenig an den Händen, lässt sich gut rollen, zerfällt bei geringem Druck jedoch wieder.

Richtig pflanzen

Mit ein bisschen Know-How gelingt das Einpflanzen leichter und Ihre Schützlinge wachsen garantiert gut an. Theoretisch kann man das ganze Jahr pflanzen, praktisch müssen Sie nur Folgendes beachten, um der Pflanze den Start bei Ihnen zu erleichtern:

Ein neues Staudenbeet entwickelt sich schnell zum Blütenmeer.

➤ Setzen Sie die Pflanzen nach dem Kauf möglichst bald an ihrem Platz ein, nicht unnötig lange stehen lassen.
➤ Pflanzen Sie an einem bedeckten Tag.

➤ Gießen Sie die Pflanze gut an und wässern Sie besonders nach sonnigen Tagen abends noch mal gründlich.
➤ Bei großen Gehölzen sorgen Sie für einen guten Halt, bei Bedarf durch Befestigung an einem Pfahl.

Angebotsformen

Je nach Jahreszeit bieten Baumschulen und Gärtnereien die Pflanzen in unterschiedlicher Form an.
➤ Zur Pflanzzeit, nämlich im Frühjahr und Herbst, erhalten Sie »wurzelnackte« Gehölze, d. h. ohne Erdballen oder Topf, und Ware mit einem Erdballen, der in ein Tuch eingeschlagen ist. Diese Pflanzen sind auf dem Acker der Baumschule gewachsen.
➤ Pflanzen, die in Containern herangezogen sind, werden das ganze Jahr zum Kauf angeboten, sind aber am teuersten – berücksichtigen Sie das, wenn Sie größere Stückzahlen benötigen, z. B. bei einer langen Hecke entlang der Grundstücksgrenze.
➤ Stauden erhält man immer in kleinen Kunststofftöpfen.

Gehölze pflanzen

Das Einpflanzen von wurzelnackten, Ballen- und Containerpflanzen ist im Grunde gleich:
➤ Gehölze vor dem Einpflanzen im Eimer wässern, damit Erde und Wurzeln sich voll saugen.
➤ Heben Sie mit einem Spaten ein Loch aus, das groß und tief genug ist, damit die Wurzeln beim Einsetzen nicht beschädigt werden (knicken oder quetschen).

SPARTIPP

>> schnell und einfach

Selber aussäen

Kälteunempfindliche Stauden, Sommerblumen, Kräuter und Gemüse können Sie direkt aussäen.

➤ Erst den Boden lockern, Unkraut entfernen und die Oberfläche glätten.
➤ Samen laut Hinweis auf den Tüten aussäen.
➤ Vorsichtig angießen und das Beet mit einer Folie schützen.

1 Loch vorbereiten

Bei einem Tonboden mischen Sie zur Bodenverbesserung Sand hinzu. Seitenwände gut lockern.

2 Ballen lockern

Lockern Sie mit der Hand vorsichtig den Wurzelballen. Damit erleichtern Sie der Pflanze das Anwachsen.

3 Loch verfüllen

Erde beim Auffüllen immer wieder leicht andrücken, damit sie sich gut setzt.

➤ Lockern Sie Seitenwände und Boden des Pflanzlochs mit der Grabegabel.
➤ Dem Aushub wird etwas Kompost untergemischt.
➤ Bei Ballenpflanzen lockern Sie den Wurzelbereich und setzen die Pflanze senkrecht in das Loch. Der obere Rand des Ballens soll nur wenig unterhalb der Bodenoberfläche sitzen. Das Tuch wird mit eingesetzt und oben geöffnet.
➤ Das Loch mit dem Erde-Kompost-Gemisch bis oben auffüllen. Dabei die Pflanze immer wieder ausrichten.
➤ Am Schluss die Erde fest andrücken, einen etwas erhöhten Gießrand bilden und gründlich wässern.
➤ Größere Gehölze schneiden Sie am Astwerk etwas zurück, um das Anwachsen zu erleichtern. Bei Bedarf werden sie an einem Pfahl mit Kokosstrick gestützt.

Stauden pflanzen

➤ Entfernen Sie gründlich das Unkraut, lockern Sie den Boden und mischen dabei etwas Kompost unter.
➤ Verteilen Sie die Stauden auf der Fläche so wie sie später eingesetzt werden sollen und korrigieren Sie so oft, bis Ihnen das Bild gefällt.

➤ Beachten Sie dabei die Pflanzabstände. Je nach Größe, Wachstum und Ausbreitungsdrang der Staude sollte er zwischen 20 und 80 cm betragen.
➤ Entfernen Sie vorsichtig die Töpfe. Graben Sie mit Hilfe eines Handspatens ein Loch und setzen Sie die Staude so tief in die Erde, wie sie vorher im Topf steckte.
➤ Füllen Sie die Löcher mit Erde auf und wässern Sie am Schluss die Fläche gut an. ■

PRAXISINFO

Gehölze pflanzen
🕐 **Zeitbedarf:**
0,5–1 Std. je Strauch
1–1,5 Std. je Baum

Material:
✗ Pflanzen
✗ Kompost zur Bodenverbesserung
✗ evtl. Kokosstrick und Stützpfahl

Werkzeug:
✗ Eimer mit Wasser
✗ Spaten
✗ Grabgabel
✗ Vorschlaghammer (Pfahl)
✗ Garten- oder Astschere
✗ Gießkanne

Ein Garten
zum Feiern

Viel Platz zum Feiern und Genießen, dafür wenig Gartenarbeit. Hier bleiben Sie flexibel und sind bereit für spontane Gäste.

Der »Partygarten« bietet viel Fläche, um Gäste einzuladen, aber auch genug Möglichkeiten, um allein zu genießen.

➤ Der Senkgarten mit Sitzmauer hat ein lauschiges Ambiente, hier fühlen Sie sich geborgen. Damit die Kiesfläche nicht zu leblos wirkt, stellen Sie Topf- und Kübelpflanzen auf. Sie sind bei Bedarf schnell auf die Seite geräumt.

➤ Im künstlichen Wasserbecken plätschert ein Wasserspiel und sorgt für die richtige Geräuschkulisse.

➤ Besonders aromatische Gehölze, Stauden und Kräuter um den Senkgarten herum verströmen ihren Duft.

➤ Die großzügige Terrasse am Haus reicht für ein »Dinner for Two« und bietet Platz für zwei Liegestühle.

➤ Pflanzen Sie neben der Terrasse schöne Blütenstauden oder Sommerblumen, die Ihnen Schmuck für die Vase und Partydeko liefern.

Die Beete sind ca. 50 cm erhöht und grenzen die Terrasse ab.

➤ Am Ende des Grundstücks, optisch getrennt durch Sichtschutzelemente, ist noch Platz für einen Nutzgarten.

➤ Wollen Sie ein modernes Ambiente, wählen Sie Materialien wie Stahl (Beeteinfassung), Stein (Terrasse, Sitzmauer), farbigen Kies, Metall (Trennelemente) und kombinieren Sie mit Holz (Terrasse). Das Ganze abends mit stimmungsvoller Beleuchtung ins rechte Licht rücken.

Ob fest eingepflanzt, hier z. B. Buchskugeln, oder mit Kübelpflanzen bestückt – so kommt Leben auf die ruhige Kiesfläche.

Nutz-
garten

Wasserbecken

Senkgarten
mit Sitzmauer

Terrasse

Haus

Ein künstliches Wasserbecken ist immer ein Blickfang. Mit Keramikfliesen bekommt es ein südliches Flair.

Auf der Terrasse und im Senk-garten gibt es genug Platz zum Feiern. Zwei Liegestühle laden zur Entspannung ein.

Mit Accessoires, Töpfen und Pflanzen zaubern Sie immer wieder neue Arrangements und bleiben dabei flexibel.

Wege und Stufen

Ob geschwungen oder gerade, Naturstein oder Kiesbelag – für Wege und Stufen gibt es im kleinen Garten viele Gestaltungsmöglichkeiten. Wege und Stufen gliedern den Garten und führen uns ans Ziel (→ Seite 8/9). Wählen Sie Beläge, die zu Ihrem Haus und Gartenstil passen, aber nicht zu viele verschiedene Materialien, damit es nicht zu unruhig wird. Spielen Sie lieber mit verschiedenen Formen und Größen. Bei der Weggestaltung dürfen die funktionalen Aspekte nicht außer Acht gelassen werden:

➤ Viel frequentierte Wege (Hauptwege), wie der Zugang zum Haus, sollten befestigt und 120–150 cm breit sein. Belag: Naturstein, Betonstein, Klinker, Holz u. ä.

➤ Die weniger benutzten Nebenwege sind schmaler, mindestens aber 60 cm breit. Belag: Kies, Rindenmulch, Rasen o. ä. Manchmal genügen sogar Trittplatten, die zeigen, wo es lang geht.

➤ Wege und Stufen brauchen ein Gefälle von mindestens 2,5–3,5 % (2,5–3,5 cm pro Meter), damit das Regenwasser gut abläuft. Achten Sie auf einen guten Unterbau, damit der Weg nicht durch Frost beschädigt wird. Bei Hauptwegen kommt es auf eine rutschfeste Oberfläche an.

Einfache Wege anlegen

Rindenmulch- und Kieswege können schnell und einfach selber gebaut werden.

> *Trittfeste Polsterstauden in der Belagsoberfläche lockern den Weg auf.*

➤ Markieren Sie mit Schnur und ein paar Holzpflöcken den Wegverlauf und heben Sie ca. 20 cm Boden aus.

➤ Füllen Sie als Unterbau und Drainageschicht ca. 10–15 cm Schotter ein.

➤ Grenzt der Weg z. B. an ein Pflanzbeet, sollte er fest eingefasst sein. Legen Sie am Rand z. B. Kleinpflastersteine und stützen diese von hinten mit etwas Beton.

➤ Verteilen Sie den Rindenmulch bzw. feinkörnigen Kies gleichmäßig etwa 8 cm hoch auf der Fläche.

➤ Die Rindenmulchdecke verrottet mit der Zeit und muss nach Bedarf, ca. alle 1–2 Jahre, aufgefüllt werden.

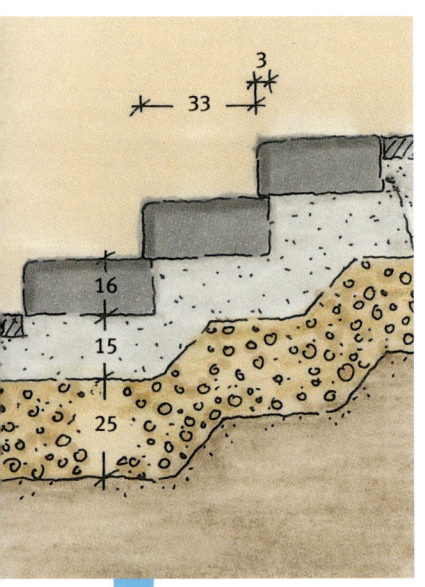

> *Die Stufen müssen eine Neigung von ca. 1 cm nach vorne – unten haben.*

➤ Um den Unkrautwuchs bei Kieswegen zu vermindern, können Sie eine wasserdurchlässige Folie (Baumarkt) über der Schotterschicht einbauen.

Stufen selber bauen

Sollen Höhenunterschiede überwunden oder geschaffen werden, bauen Sie ein paar Stufen ein. Die optimale Stufenhöhe im Garten beträgt 12–16 cm, die Auftrittsfläche (Tiefe) 33–40 cm.

Die aus einem Stück bestehenden **Blockstufen** gibt es aus Naturstein oder Beton. Vorteil ist, dass kein starres Betonfundament notwendig ist, da sie durch ihr hohes Gewicht gut aufliegen. Das erleichtert das Selberbauen:

➤ Zuerst wird der Boden ca. 55 cm tief grob treppenartig ausgehoben.

➤ Für die Kontrolle beim Einbau der Fertigstufen spannen Sie über die gesamte Länge der Treppe eine waagerechte Schnur in Höhe der obersten Stufe.

➤ Füllen Sie eine ca. 20–30 cm starke Schottertragschicht auf den Boden (Gemisch von Schotter, Splitt und Sand; Korngrößen 0–45 mm) und verdichten Sie alles mit einem Handstampfer.

Ein Rasenweg ist eine kostengünstige Alternative zu festen Belägen.

➤ Beginnen Sie mit dem Bau der untersten Stufe: 15–20 cm Magerbeton (B15) einfüllen und die Blockstufe auflegen.

➤ Die Stufenhöhe an der gespannten Schnur ausrichten. Prüfen Sie das Gefälle mit der Wasserwaage (1 cm nach vorne–unten). Korrigiert wird durch Auffüllen mit Beton bzw. Festklopfen der Stufe (Gummihammer).

➤ Die folgenden Stufen mit ca. 3 cm Überlappung genauso einbauen. ■

PRAXISINFO

Ideen für Beläge

✗ **Feste Beläge:** Ob Naturstein, Betonstein oder Klinker – es gibt zahlreiche Farbnuancen, Oberflächenbearbeitungen und Formate. Die verschiedenen Holzarten können Sie als Holzboden oder Pflaster verlegen. Effektvoll: eingestreute Glasbausteine, Steine mit bunter Keramikoberfläche, Bodenleuchten, Mosaik.

✗ **Lose Beläge:** Kies, Edelsplitt, Rindenmulch. Ausgefallen: geschliffene Glasscherben, Schiefer, gebrochene Dachziegel oder Tonscherben.

Die Vertikale nutzen

Kletterpflanzen wollen hoch hinaus. Mit ihnen erobern Sie in Ihrem kleinen Garten die dritte Dimension. Kletterer brauchen nicht viel Platz – zumindest was die Quadratmeter am Boden angehen. Durch ihre Wuchsart erhalten sie zusätzliche gestalterische Möglichkeiten: Sie verschönern Trennelemente, begrünen Wände und Mauern und begrenzen die Sicht Ihres Nachbarn.

Die großblumigen Clematis gibt es in vielen verschiedenen Farben.

Grüne Gipfelstürmer

Bei der Wahl der Kletterpflanzen für Ihr kleines Paradies können Sie sich je nach Standort und Zweck zwischen Einjährigen und Mehrjährigen entscheiden (→ Seite 48/49 und 54).

➤ **Wurzelkletterer** brauchen keine Kletterhilfe. Sie halten sich mit ihren Haftwurzeln am flächigen Untergrund fest.

➤ **Schlingpflanzen** winden sich mit ihren Stängeln und Trieben spiralförmig um Stäbe, Stützen und Spaliere.

➤ **Rankpflanzen** entwickeln spezielle Rankorgane, mit denen sie sich festklammern. Sie werden durch Gitter, Netze und Spaliere unterstützt.

Kletterhilfen an Wand und Mauer

Die Ausführung der Kletterhilfen richtet sich nach den Pflanzen und den Befestigungsmöglichkeiten.

➤ Sie können für einjährige Kletterpflanzen einfache Schnüre aus Hanf oder Sisal spannen. Stabiler und haltbarer sind Spanndrähte oder Stäbe aus Bambus, Holz oder Metall; sie sind auch leicht selber anzubringen.

➤ Von Spanndrähten gibt es im Handel komplette Sets mit Wandhalterungen, Edelstahlseil, Spannschlössern, Schrauben und Muttern. Sie können senkrecht, waagerecht, schräg oder netzartig angebracht werden. Auch fertige Rankgitter aus Metall und Holzspaliere sind in vielen verschiedenen Variationen im Baumarkt und Gartenfachhandel erhältlich.

➤ Die Befestigung an der Wand ist keine Zauberei: Die Kletterhilfen sollten immer mit einem Abstand von 10 cm oder mehr zur Wand bzw. Mauer angebracht werden. So haben die Pflanzen genug Platz, sich herumzuschlingen. Außerdem kann Luft zirkulieren. Benutzen Sie Ringschrauben oder Winkelhalter mit Abstandshaltern und denken Sie daran, ausreichend große Dübel und Schrauben zu verwenden, die das Gewicht der Pflanze – besonders an windigen Tagen – auch in Zukunft tragen können.

Topfpyramide: Ein echter Hingucker mit Platz für Kräuter und mehr.

Freistehende Kletterhilfen

Für Kletterpflanzen brauchen Sie nicht immer eine Wand oder Mauer. Es gibt z. B. schöne Obelisken aus Eisen fertig zu kaufen. Sie werden einfach auf den Boden oder ins Beet gestellt und eignen sich gut für Einjährige wie Prunkwinde und Kapuzinerkresse. Hübsch sehen auch begrünte Säulen und Masten aus Stein oder Holz aus. Klassisch sind natürlich bewachsene Torbögen, Lauben und Pergolen. Diese gibt es ebenfalls als fertige Bauteile in ver-schiedenen Formen und Materialien (Baumarkt, Gartenfachhandel). Individueller, aber preisaufwändiger ist natürlich eine Eigenkreation vom Schlosser oder Schreiner. Die Konstruktionen müssen dem Gewicht der Pflanzen und dem Wind Stand halten, deshalb ist eine gute Verankerung im Boden wichtig. Sorgen Sie für ein ausreichend dimensioniertes, frostsicheres Betonfundament.

Die Topfpyramide

Große Pflanzenvielfalt auf kleinem Raum bietet Ihnen eine selbst gebaute Pyramide aus unterschiedlich großen Töpfen. Am besten eignen sich schlichte Tontöpfe mit bereits vorhandenen Abzugslöchern. Zusätzliche Löcher in den Töpfen sind jedoch von Vorteil.

➤ Wichtig ist eine stabile Innenkonstruktion. Verwenden Sie z. B. eine Baustahlstange und gießen Sie diese in einen Zementfuß.

➤ Nehmen Sie unten zuerst den größten Topf und stapeln nach oben kleiner werdende darauf.

➤ Als Abstandshalter fädeln Sie Rohrstücke oder andere Töpfe dazwischen.

➤ Jedes Gefäß wird mit einer Drainageschicht aus Tonscherben oder Granulat und mit Erde aufgefüllt.

➤ Die Bepflanzung erfolgt von mager und trocken (oben) bis üppig und frisch (unten), denn das Gießwasser sickert von oben nach unten durch. Wählen Sie für oben z. B. Steingartenstauden, unten gedeihen Sommerblumen und Gemüse.

➤ Originell ist auch ein Sammelsurium aus alten Gefäßen wie Porzellan-Kaffeefilter, Salatsiebe oder Zinkwannen. ◼

Ein Garten für die

ganze Familie

Plätze zum Spielen und Herumtollen für die Kleinen, zum Ausruhen und Genießen für die Großen – das ist ein Garten für alle. Die Ansprüche an einen Garten sind bei den Familienmitgliedern ganz unterschiedlich. Um allen gerecht zu werden, können Sie die Elemente flexibel und multifunktional gestalten.

➤ Das Herzstück des Gartens ist ein strapazierfähiger Gebrauchs- und Spielrasen. Ideal zum Krabbeln, Herumspringen oder Federball spie-

len und natürlich als Liegewiese zum Ausruhen.

➤ Der Clou ist eine hügelartige Erhöhung in einer Ecke mit Rutsche. Obenauf bauen Sie zusammen mit den Kleinen als Aussichtsposten oder »Höhle« ein Weidentipi. Sind die Kinder aus dem Haus kann dort z. B. ein Steingarten oder Sitzplatz entstehen.

➤ Toll für Kinder zum Spielen ist Wasser. Mit einer Rinne, regelbar gespeist von einem Brunnen, entsteht ein künstlicher Bachlauf. Er endet in einer Mulde (Kies

mit Lehmabdichtung), wo sich das Wasser sammelt und langsam versickert. Bald stellt sich eine natürliche Flora und Fauna ein und es gibt viel zu beobachten.

➤ Dicht neben die Terrasse kommt ein Sandkasten. Später kann er zum Wasserbecken umfunktioniert werden.

➤ Spaß macht es allen, hier und da essbare Blüten und Früchte zu pflücken und zu naschen. Gaumenfreuden für Groß und Klein (→ Seiten 46/47, 52/53) gibt es im Nutzgarten mit extra Kinderbeet.

Multifunktional: Die Abdeckung schützt vor Verschmutzung und kann mit einer Auflage zur Liegefläche werden.

Nutzgarten

Rasen-
hügel

Rankgerüste

Rasen

Wassersäule

Sand-
kasten

Wasser-
mulde

Terrasse

Haus

Weidentipi oder Sitzplatz: Die ehemalige Spielhöhle wird später vielleicht von den älteren Familienmitgliedern erobert.

Die Rasenfläche ist das Kernstück des kinderfreundlichen Gartens, die große Terrasse ist Treffpunkt für alle.

Kleine Naschereien direkt in den Mund: Wählen Sie Gehölze und Stauden mit essbaren Früchten und Blüten.

Mulchen, düngen, gießen

Gute Nährstoffversorgung und richtiges Gießen ist schon die halbe Miete beim Gärtnern. So gedeihen Ihre Pflanzen prächtig.
Gerade im kleinen Garten ist es wichtig, dass Ihre Pflanzen gesund sind, denn durch die engen Raumverhältnisse sind sie immer im Blickfeld. Sie ernähren sich von den Nährstoffen, die sie aus dem Boden und Wasser erhalten. Schüt-zen Sie deshalb Ihren Boden durch Mulchen und geben Sie Ihren Pflanzen regelmäßig nahrhaften Kompost und ge-nügend Wasser.

Richtig mulchen

Mulchen bedeutet, die Bo-denoberfläche regelmäßig mit organischem Material vollständig abzudecken:
➤ Mulch fördert die Humus-bildung, führt Nährstoffe zu.

➤ Der Boden trocknet nicht so schnell aus, die Wasserver-dunstung wird reduziert.
➤ Sie müssen weniger jäten, weil die Unkräuter schwerer durch die Mulchschicht kommen.
➤ Gartenabfälle können durch Mulchen flächig kom-postiert werden. So sparen Sie den Platz für einen extra Komposthaufen.
➤ Geeignete Materialien sind fertiger Rindenmulch aus dem Gartencenter, Laub, Stroh, getrockneter Gras-schnitt, Brennnesseln und andere Unkräuter, solange sie noch nicht ausgesamt sind, sowie halbreifer Kompost.
➤ Lockern Sie den Boden im Frühjahr (nicht vor Mai) und bedecken ihn mit 6–8 cm Mulchmaterial. Im Sommer werden lediglich Lücken geschlossen. Mulchen Sie im Herbst, haben Sie gleich einen Winterschutz (→ Seite 36/37), der dann im Frühjahr eingearbeitet werden kann.

Düngen mit Kompost

Für kleine Gärten eignen sich Platz sparende Thermokom-

> *Regenwasser sammeln, z. B. im schmucken Holzfass, ist kostengünstig und dekorativ.*

> *Stroh schützt den Boden vor Austrocknung und verhindert das Faulen der Erdbeeren.*

schlauch mit Düse auf einer Rolle. Messen Sie vorher die weiteste Distanz aus, die Sie erreichen müssen, damit der Schlauch auch lang genug ist. Ein Sprenger ist nur für Rasenflächen geeignet.

➤ Sammeln Sie Regenwasser in einer Tonne, die über eine Klappe am Fallrohr des Hauses gefüllt wird. Es ist gratis und besser geeignet, da es weicher und meist optimal erwärmt ist. ∎

poster aus Kunststoff oder Metall. Die Tonnen werden von oben befüllt, unten kann über eine Öffnung die fertige Komposterde entnommen werden. Ein Deckel schützt vor Regen und hält Gerüche zurück.

Und so funktioniert's:
➤ Den Komposter an einen halbschattigen, windgeschützten Ort stellen. Er muss Kontakt zum Boden haben. Sorgen Sie auch für ausreichend Sauerstoff und Feuchtigkeit. Füllen Sie ihn mit pflanzlichen Küchenabfällen und Gartenmaterial. Trockene und feuchte, grobe und feine Schichten sollten sich abwechseln (→ Praxisinfo).
➤ Die Zersetzung der pflanzlichen Abfallstoffe erledigen die Bodenlebewesen. Umsetzen ist nicht unbedingt not-

wendig, beschleunigt aber den Rotteprozess. Nach rund 6 bis 8 Monaten ist der Gartenkompost fertig und kann im Beet oberflächlich eingearbeitet werden.

Richtig gießen

Gießen ist nur notwendig, wenn es lange nicht geregnet hat und im Boden kein Wasser mehr gespeichert ist. An heißen Sommertagen muss man aber 1–2 Mal gießen, am besten morgens und abends.
➤ Wässern Sie gründlich und durchdringend, d. h. in kurzem Abstand zweimal an der gleichen Stelle.
➤ Gelockerter Boden nimmt Wasser besser auf, deshalb wirkt sich Hacken positiv auf die Bodenfeuchtigkeit aus.
➤ Platz sparend und leicht zu handhaben ist ein Garten-

Pflanzenschutz, Winterschutz

Schützen Sie Ihre Pflanzen vor Kälte und Krankheiten – sie werden es Ihnen mit langer Lebensdauer danken. Eine üppige, grüne Pracht gelingt nur, wenn die Pflanzen gut gepflegt und gesund sind. Beachten Sie außerdem ein paar wichtige Grundsätze, damit Ihre Schützlinge auch die kalte Jahreszeit unbeschadet überstehen und gestärkt in die neue Saison starten können.

> Die Kapuzinerkresse wirkt vorbeugend gegen lästige Blattläuse.

Pflanzen stärken

Mit vorbeugenden Maßnahmen schaffen Sie beste Voraussetzungen für die Gesundheit der Pflanzen. So haben Schädlinge und Krankheiten keine Chance:

➤ Achten Sie schon beim Kauf auf gesunde Pflanzen und wählen Sie robuste, resistente Arten (→ Seite 13).

➤ Setzen Sie die Pflanze an einen Standort, der ihren Ansprüchen entspricht.

➤ Lassen Sie genug Platz zwischen den Pflanzen.

➤ Stärken Sie die Abwehrkräfte der Pflanze und vertreiben Schädlinge mit diversen Brühen, Jauchen und Tees (→ Praxisinfo).

Unerwünschte Gäste und Krankheiten

Bevor Sie im kleinen Garten zur chemischen Keule greifen, versuchen Sie es doch erst einmal mit natürlichen Mitteln. Denn auf kleinem Raum können Sie selber den Giften auch nicht gut ausweichen. Manche Pflanzen wirken wie »Bodyguards«, denn sie sondern Substanzen ab, die

unerwünschte Tiere nicht mögen und sie davon abhalten, Pflanzen zu belästigen.

➤ Tagetes vergrämt Wurzelälchen (Nematoden).

➤ Knoblauch, Salbei, Thymian und Zwiebeln vertreiben Schnecken.

➤ Wühlmäuse lassen sich durch Knoblauch und Sonnenblumen abwehren.

➤ Blattläuse mögen weder Lavendel noch Kapuzinerkresse.

Hartnäckige Tiere und Pflanzenkrankheiten lassen sich nur mit härteren Methoden beseitigen:

➤ Blattläuse lassen sich abwischen. Sprühen Sie Blätter und Stängel der Pflanze mit Kapuzinerkresse-Tee oder Brennnesseljauche ein.

➤ Nachtaktive Schnecken und Käfer sammeln Sie am besten am Morgen ein und vernichten sie. Als Lockmittel dienen z. B. mit Bier gefüllte Schalen. Vorbeugend können Sie Schutznetze und Schneckenzäune anbringen.

➤ Bei Viren und Bakterien befallene Teile abschneiden und in die Mülltonne stecken.

> *Mit dekorativen Bastmatten sind Kübelpflanzen im Winter gut geschützt.*

➤ Gegen Pilzbefall (Mehltau, Grauschimmel) hilft sparsame Düngung sowie nicht zu dichte und trockenere Haltung. Entfernen Sie befallene Teile und bespritzen Sie die Pflanze mit Schachtelhalm- oder Knoblauchbrühe (→ Praxisinfo).

Winterschutz draußen

Manche Stauden und Gehölze, besonders frisch gepflanzte oder noch junge Exemplare, vertragen den Frost nicht und können erfrieren. Die richtige Standortwahl und die Beachtung des Kleinklimas sind beste Voraussetzungen, damit sie den Winter gut überstehen. Wählen Sie z. B. für empfindliche Arten (→ ab Seite 40) einen windgeschützten Standort im lichten Schatten einer Hecke. **Boden** und **Wurzeln** werden flächig geschützt:

➤ Vorbeugend bedecken Sie die Beete mit einer Mulchschicht (→ Seite 34/35).

➤ Stauden und niedrige Gehölze decken Sie mit Fichten- oder Tannenzweigen ab, die, wie Dachziegel geschichtet, auf dem Boden ausgebreitet werden. Reisig hält Kälte ab und ist luftdurchlässig. Am Rand die Zweige in den Boden stecken, damit der Wind sie nicht abhebt.

Für **oberirdische Teile** gibt es folgende Maßnahmen:

➤ Umwickeln Sie empfindliche Sträucher und Junggehölze mit Jute, Sackleinen oder Vlies und binden Sie es mit Schnüren fest. Oder Sie umhüllen die Pflanzen mit Schilf- oder Bastmatten. Die Schutzabdeckungen im Frühjahr rechtzeitig vor dem Austrieb (regional verschieden) entfernen.

➤ Kleinere Sträucher können mit einer einfachen Drahtgittermanschette umstellt werden. Diese befüllen Sie mit trockenem Laub.

➤ Als Windschutz stellen Sie Lattengestelle mit daran befestigtem Sackleinen oder Jutegewebe quer zur Windrichtung auf.

➤ Rosen schützen Sie durch Anhäufeln mit Rindenmulch und mit einer Decke aus Reisig. Alle Veredlungsstellen sollen bedeckt sein.

➤ Gießen Sie immergrüne Pflanzen gründlich vor Frostbeginn und an frostfreien Tagen. Für sie ist die Gefahr der Wintertrockenheit am größten. ∎

»Kraftbrühe« für Pflanzen

Brühe aus Ackerschachtelhalm wirkt vorbeugend gegen Pilzkrankheiten und stärkt Obst und Gemüse.

✗ Ackerschachtelhalm sammeln (Juni–August) und zerkleinern. Oder Pulver aus der Gärtnerei besorgen.

✗ 1,5 kg frisches oder 200 g getrocknetes Kraut in 10 l Wasser 24 Std. einweichen.

✗ Anschließend 1 Std. kochen und durchseihen.

✗ Pflanzen regelmäßig mit 1:5 bis 1:10 verdünnter Brühe besprühen.

Gehölze richtig schneiden

Mit dem richtigen Schnitt können Sie viele Pflanzen dem kleinen Format Ihres Gartens anpassen.
Außerdem fördern Sie damit die Vitalität, die Blühfreudigkeit und die Fruchtbarkeit Ihrer Gehölze. Achten Sie bei der Auswahl der Pflanzen also

> *Eine geschnittene Buchshecke rahmt das bunte Treiben ein.*

darauf, dass sie schnittverträglich sind. Übertreiben Sie es mit dem Schneiden aber nicht, denn je mehr Sie schneiden, desto mehr wird das Wachstum angeregt.

➤ **Zeitpunkt:** In der Regel schneidet man während der Vegetationsruhe, also vor dem Frühjahrsaustrieb. Das betrifft besonders Sträucher, die an ein Jahr alten Zweigen blühen, z. B. Bartblume, Sommerflieder. Sträucher, die am mehrere Jahre alten Holz blühen, z. B. Flieder, Ginster oder Seidelbast, werden gleich nach der Blüte, also im Sommer, geschnitten.

➤ **Technik:** Machen Sie ca. 0,5 cm über dem Auge bzw. der Knospe einen schrägen Schnitt. Ganze Äste und Zweige trennen Sie nahe am Hauptast bzw. Stamm ab, indem Sie einen ca. 0,5 cm langen Rest stehen lassen. Dickere Äste sägen Sie am besten in Teilstücken ab, damit sie nicht vorzeitig abbrechen.

➤ Ein sauberer und glatter Schnitt ist wichtig, damit keine Infektionen entstehen. Schneiden Sie deshalb nur mit scharfem und sauberem Werkzeug. Wunden, die größer als 3 cm im Durchmesser sind, bestreichen Sie mit Wundverschlussmittel.

Auslichten

Der Auslichtungsschnitt soll das Gehölz zur Bildung neuer Triebe und Blüten anregen und wird nach Bedarf ausgeführt (ca. alle 2–3 Jahre). Vor allem ältere Gehölze werden mit der Zeit zu dicht und ihre Blühfreude lässt nach, weil sich die Zweige gegenseitig das Licht wegnehmen.

➤ Bei Sträuchern entfernen Sie ältere, abgeblühte, in die Mitte wachsende Triebe ganz oder bis zu einer jüngeren Abzweigung sowie abgestorbene Äste nahe über dem Boden. Bei sich überkreuzenden Ästen wird der schwächere entfernt.

➤ Schneiden Sie bei Bäumen vor allem die nach innen gerichteten, zu dicht stehenden und abgestorbenen Zweige.

Verjüngen

Gutwüchsige Sträucher, die einige Jahre nicht geschnitten wurden, beginnen allmählich zu vergreisen. Die alten, dicken Triebe tragen nur wenige Blätter und kaum Blüten. Der radikale Verjüngungsschnitt bringt die Sträucher wieder in

1 ➤ Auslichten

Entfernen Sie vor allem nach innen wachsende, ältere Zweige. Schneiden Sie an einer Abzweigung und lassen Sie einen Rest von ca. 0,5 cm stehen.

2 ➤ Verjüngen

Bei vergreisten Sträuchern mit zu vielen alten, kahlen Zweigen schneiden Sie radikal alle Triebe bis auf 30–50 cm über dem Boden zurück.

3 ➤ Formschnitt

Im Herbst schneiden Sie z. B. mit Hilfe von Schnüren die Wunschform. Bei Buchs kürzen Sie für einen dichteren Wuchs im Sommer junge Triebe ein.

Form. Er ist jedoch nur bei Arten möglich, die viele junge Triebe aus dem Boden bilden können, z. B. Berberitze, Forsythie und Hasel.

➤ Schneiden Sie am Ende des Winters zunächst alle alten, zu dicht stehenden Zweige aus der Mitte heraus, nach Möglichkeit direkt über dem Boden.

➤ Die verbleibenden Triebe werden 30–50 cm über dem Boden abgeschnitten. Das regt einen neuen Austrieb an.

➤ Im folgenden Jahr schneiden Sie die wieder neu gebildeten Triebe im Herbst um ein Drittel zurück, damit sie sich verzweigen.

Bei langsam wüchsigen Arten (z. B. Kornelkirsche, Liguster) muss der Verjüngungsschnitt gestaffelt und über einige Jahre verteilt werden.

Formen

Formgehölze kommen gerade im kleinen Garten groß raus. Sie gliedern die Pflanzbeete und setzen Akzente. Gestalten Sie z. B. Kugeln, Kegel oder Pyramiden. Dazu eignen sich besonders Buchsbaum, Eibe oder Liguster. Wenn Sie bereits geformte Gehölze kaufen, ist der Anfang leichter. Wer selbst kreieren möchte, rückt den Sträuchern mit Hilfe von Pappschablonen oder Formgerüsten aus Holz oder Draht zu Leibe. Als Werkzeuge nehmen Sie Hecken- und Gartenschere. ◼

PRAXISINFO

Gehölze formen

🕐 **Zeitbedarf:**
0,5–1 Std. je Strauch
1–2 Std. je Baum

Material:
✗ Schnur
✗ Holzlatten
✗ Formgerüst aus Holz oder Draht
✗ Pappschablone

Werkzeug:
✗ Messer
✗ Gartenschere
✗ Astschere
✗ Baumsäge
✗ Heckenschere
✗ Wundverschlussmittel und Pinsel

Pflanzenporträts

Blütenpflanzen

Die meisten der krautigen, hübsch blühenden Stauden ziehen sich über Winter in ihre unterirdischen Organe zurück und treiben im Frühjahr wieder aus. Schön sind Arten, die sich im Frühjahr schnell entwickeln, auch vor oder nach ihrer Blüte gut aussehen und spät wieder einziehen. Im kleinen Garten ist es ratsam, keine wuchernden und stark verdrängenden Arten zu wählen. Von den hohen Stauden gibt es meist auch kleinwüchsigere Sorten. Da die Stauden zu unterschiedlichen Zeitpunkten austreiben und wieder einziehen, können Lücken im Beet entstehen. Diese können Sie mit Einjährigen (Cosmee, Ringelblume) oder Zweijährigen (Bartnelke, Vergissmeinnicht) füllen. Sie durchlaufen ihre vollständige Entwicklung in einem bzw. zwei Jahren.

Gräser und Blattschmuckstauden setzen weitere Akzente. Mit Stauden, Ein- und Zweijährigen sorgen Sie für Abwechslung im Garten.

Bartnelke
Dianthus barbatus

Höhe: 50–60 cm
Blütezeit: Mai–August
zweijährig

➤ **anspruchslos**

Aussehen: buschiger Wuchs; schirmartige Blütenstände auf hohen Stielen; einfache oder gefüllte Blüten in Weiß, Rosa, Rot oder Scharlachrot, auch zweifarbig, duftend
Standort: sonnig; nährstoffreicher, kalkhaltiger Lehm-Sandboden
Pflege: Staunässe vermeiden; während der Wachstumszeit mäßig gießen; alle 4–6 Wochen düngen
Gestaltung: sehr gute Schnittblume; in Gruppen auf Beeten sehr wirkungsvoll

Gartenlöwenmaul
Antirrhinum majus

Höhe: 20–100 cm
Blütezeit: Juni–September
einjährig

➤ **lang blühend** ✿

Aussehen: aufrechter, buschiger Wuchs; längliche Blätter; Blüten in allen Farben außer blau, auch zweifarbig
Standort: sonnig; frischer, nährstoffreicher Boden
Pflege: Triebe vor der Blüte entspitzen, dann werden sie buschiger und jeder Trieb schließt mit einer Blüte ab; hohe Sorten stützen; regelmäßiges Pflücken regt die Nachblüte an
Gestaltung: prächtige Beet- und Gruppenpflanzung; gute Schnittblume

Hornveilchen
Viola-Cornuta-Hybride

Höhe: 10–25 cm
Blütezeit: Mai–Oktober
zweijährig

➤ **viele Farben und Muster** ✿

Aussehen: horstartig; niedriger Wuchs; vielgestaltige, dunkelgrüne Blätter, leicht glänzend; blaue, violettblaue, gelbe, weiße Stiefmütterchen-Blüten, auch mehrfarbig
Standort: sonnig, kühl; frischer, lehmig-humoser oder sandiger Lehmboden
Pflege: in Trockenzeit gut gießen; nach der Hauptblüte zurückschneiden, um Zweitblüte im Herbst anzuregen
Gestaltung: als Beeteinfassung; für Rabatte und Töpfe geeignet; Schnittblume

Kissenaster
Aster dumosus

Höhe: 15–50 cm
Blütezeit: September–Oktober
mehrjährig

➤ **attraktiver Herbstblüher**

Aussehen: kompakter Wuchs; lanzettliche, dunkelgrüne, ungestielte Blätter; violette, lila, karminrote, rosafarbene und weiße Blüten
Standort: sonnig, kühl; frischer bis feuchter, lehmig-humoser, nährstoffreicher Boden
Pflege: in Trockenzeiten gut wässern; Rückschnitt ebenerdig nach der Blüte; im Frühjahr pflanzen
Gestaltung: im Vordergrund von Rabatten pflanzen, auch als Einfassung; nicht vor die warme Hauswand

Mädchenauge
Coreopsis grandiflora

Höhe: 60–80 cm
Blütezeit: Juni–September
mehrjährig

➤ **sehr blühfreudig** ✿

Aussehen: buschiger, lockerer Wuchs; fiedrig geteilte, frischgrüne Blätter; große, gelbe Blüten, auch zweifarbig
Standort: sonnig; normaler, mäßig nährstoffreicher Gartenboden
Pflege: höher wachsende Sorten stützen; nach der Blüte ebenerdig zurückschneiden; im Frühjahr organisch düngen
Gestaltung: hübsche, haltbare Schnittblume; schöne Begleitstaude; in kleineren und größeren Gruppen pflanzen; Bienenfutterpflanze

Ziergehölze

Unter Gehölzen versteht man alle mehrjährigen Pflanzen, die ein verholzendes, viele Jahre überdauerndes und ständig weiter wachsendes Gerüst aus Zweigen und Ästen aufbauen.

Bei der Auswahl für den kleinen Garten ist ein passender Standort, eine langsame bis mittlere Wuchsgeschwindigkeit und gute Schnittverträglichkeit wichtig – viele heimische Gehölze sind für den kleinen Garten zu starkwüchsig. Wählen Sie kleinere Sorten oder weichen Sie auf anpassungsfähige, fremdländische Arten aus.

Laubgehölze spenden lichten Schatten, wirken locker und luftig. Wollen Sie auf immergrüne Gehölze nicht verzichten, wählen Sie langsam wachsende Arten wie Buchs, Eibe, Mahonie oder Stechpalme, die auch wunderbar in Form geschnitten werden können. Viele Gehölze bieten zu jeder Jahreszeit etwas, z. B. schöne Blüten oder Blätter, essbare Früchte oder eine dekorative Herbstfärbung.

Buchsbaum
Buxus sempervirens

Höhe: 80–120 cm, 2–4 m
Blütezeit: April–Mai
immergrüner Strauch

➤ **für Formschnitt geeignet**

Aussehen: dichter Wuchs; kleine, ledrige, eiförmige Blätter; unscheinbare Blüten; Blätter und Blüten giftig
Standort: sonnig bis schattig; gedeiht auf jedem Boden; kalkverträglich; gut für Stadtklima geeignet
Pflege: frei wachsende Pflanzen gelegentlich auslichten, formale im Sommer stützen; ganzjährig schnittverträglich
Gestaltung: Einzel- oder Gruppenpflanzung; Schnitthecken; Formschnitt zu Kugeln, Pyramiden, Figuren

Fächerahorn
Acer palmatum

Höhe: 1–3 m, 3–4 m
Blütezeit: Mai–Juni
kleiner Baum, Großstrauch

➤ **tolle Herbstfärbung** ✿

Aussehen: Wuchs und Blätter (5–11lappig) je nach Sorte, grün- und rotlaubige Sorten; dekorative Herbstfärbung
Standort: halbschattig bis schattig; lockere, leicht saure, feuchte Böden, keine Staunässe
Pflege: bei Trockenheit oft und gründlich gießen; Auslichten bei Bedarf
Gestaltung: kommt am besten allein zu Geltung; auch für Kübel geeignet; sehr schön ist die *Dissectum*-Gruppe mit fein gefiederten Blättern

✿ pflegeleicht ☼ sonnig ◑ halbschattig ● schattig ⊠ giftig/hautreizend

Färberginster
Genista tinctoria

Höhe: bis 100 cm
Blütezeit: Juni–August
kleiner Strauch

➤ **attraktiv für Insekten** ✿

Aussehen: aufrechter, buschiger Wuchs; lanzettliche Blätter; leuchtend gelbe Blüten in langen, aufrechten Trauben; im Spätsommer schotenartige Samenhülsen
Standort: sonnig, geschützt; durchlässiger, lockerer, humusreicher, neutral bis saurer Boden, kalkempfindlich
Pflege: für buschigen Wuchs alle 3–4 Jahre Triebe um ein Drittel einkürzen
Gestaltung: in Gruppen oder zusammen mit Gräsern, Bodendeckern, Polsterstauden

Kugelakazie
Robinia pseudoacacia 'Umbraculifera'

Höhe: 3–4 m
Blütezeit: keine
Kleinbaum

➤ **kompakte Rundkrone** ✿

Aussehen: Speziell diese Sorte: Wuchs langsam, Krone kugelrund, dicht, vieltriebig; elliptische, hellgrüne, gefiederte Blätter; keine Blüten, Dornen und Früchte
Standort: sonnig; frische, nährstoffreiche, tiefgründige, lockere Böden, kalkverträglich; stadtklimafest
Pflege: nur Bedarfsschnitt; um Form zu halten radikaler Rückschnitt möglich
Gestaltung: Einzelpflanzung und in Gruppen, als gliederndes, geometrisches Element

Sommerflieder
Buddleja davidii

Höhe: 2–3 m
Blütezeit: Juli–Oktober
sommergrüner Blütenstrauch

➤ **lockt Schmetterlinge an**

Aussehen: strauchartig, leicht überhängende Zweige; eilanzettliche Blätter; lange, schlanke Blütenrispen in Violett, Weiß, Rosa und Rosarot
Standort: sonnig, geschützt; humusreicher, kalkhaltiger Boden, verträgt auch trockene, steinige Böden
Pflege: im Frühjahr Rückschnitt auf 30–40 cm über dem Boden, das fördert die Blütenbildung am einjährigen Holz
Gestaltung: einzeln, in Gruppen mit anderen Ziersträuchern oder zusammen mit Stauden

Obst, Gemüse, Kräuter

Mit der Ernte aus einem kleinen Garten können Sie zwar nicht den ganzen Obst- und Gemüsebedarf decken, aber für kleine, frische Nascherreien reicht es allemal. Für Nutzpflanzen findet sich im kleinen Garten ein Plätzchen, wenn Sie das Schöne mit dem Nützlichen verbinden. Pflanzen Sie z. B. Kräuter als Beeteinfassung oder stellen Sie Töpfe mit Lavendel, Thymian und Rosmarin auf die Terrasse. Platz sparen können Sie auch mit Bohnen am Rankgerüst, Birnen am Spalier, Johannisbeeren als Hochstämmchen und Ballerina-Apfelbäumchen in Kübeln, Kirschstrauchtomaten und Kräutern in Töpfen oder Erdbeeren in Ampeln. Sie sehen, der Geschmack kommt nicht zu kurz, wenn Sie auch nach gestalterischen Aspekten auswählen. Bei Gemüse suchen Sie Arten aus, die Sie direkt aussäen können und die schnell erntereif sind, z. B. Radieschen, Kresse, Rucola, Schnittsalat und Mangold.

Monatserdbeere
Fragaria vesca

Höhe: 30 cm
Erntezeit: Juni–Oktober
mehrjährige Staude

➤ **tolle Naschpflanze**

Aussehen: buschiger Wuchs; dunkelgrüne Blätter; weiße Blüten; kleine, rote Früchte, Geschmack und Größe variieren je nach Sorte
Standort: sonnig; lockerer, humoser, nährstoffreicher Boden
Pflege: regelmäßig gießen; gegen das Faulen der Früchte den Boden im Beet mit Stroh abdecken; nach der Ernte regelmäßig mit Kompost düngen
Sorten: 'Alexandria', 'Sperlings Bowlenzauber', 'Rimona-Hummi', 'Rügen', 'Sweetheart'

Rote Johannisbeere
Ribes rubrum

Höhe: 150–200 cm
Erntezeit: ab Juli
Beerenstrauch

➤ **dekoratives Obst**

Aussehen: als Strauch, Spalier oder Hochstamm; handförmige Blätter; unscheinbare Blüten in hängenden Trauben; rote Früchte
Standort: sonnig, geschützt; humoser, nährstoffreicher, etwas feuchter Boden
Pflege: beim Hacken die flach wachsenden Wurzeln nicht beschädigen; regelmäßig gießen; im Sommer mulchen; im Herbst mit Kompost düngen; Hochstämme stützen
Sorten: 'Heros', 'Jonkheer van Tets', 'Red Lake', 'Rovada'

✿ pflegeleicht   ☼ sonnig   ◑ halbschattig   ● schattig   ☒ giftig/hautreizend

Mangold
Beta vulgaris

Höhe: 40–50 cm
Erntezeit: ab Juli
Blattgemüse

➤ **auch für Töpfe geeignet** ✿

Aussehen: Blattmangold hat lange, spinatähnliche Blätter, Stielmangold blasenartig gewellte Blätter und breite, fleischige Stiele (grün, gelb, rot)
Standort: sonnig bis halbschattig, warm; tiefgründiger, humoser, nährstoffreicher Boden
Pflege: gut feucht und unkrautfrei halten; alle vier Wochen düngen
Sorten: Blattmangold: 'Grüner Schnitt', 'Lukullus' (gelb); Stielmangold: 'Glatter Silber', 'Vulkan' (roter Stiel)

Tomate
Lycopersicon esculentum

Höhe: 25–150 cm
Erntezeit: August–Oktober
Fruchtgemüse

➤ **Früchte in vielen Farben**

Aussehen: Buschtomaten (20 cm) und Stabtomaten (über 2 m); ganze Pflanze behaart; gelbe Blüten; rote, grüne, gelbe oder dunkelviolette Früchte
Standort: sonnig, warm, windgeschützt; nährstoffreicher, humoser Boden
Pflege: gut feucht halten, alle vier Wochen düngen; unter 10° C mit Folie schützen
Sorten: Buschtomaten: 'Rentita', 'Balkonstar', 'Sweet Cherry'; Stabtomaten: 'Luxor', 'Goldene Königin' (goldgelb), 'Tigerella' (grün gestreift)

Basilikum
Ocimum basilicum

Höhe: 30–50 cm
Erntezeit: Juni–September
einjährige Gewürzpflanze

➤ **sehr wärmebedürftig**

Aussehen: aufrechter Wuchs; reich verzweigt; eiförmige, etwas gewölbte, glänzende Blätter, auch buntblättrig; weiße bis gelbe Blüten in endständigen Ähren
Standort: sonnig; humus- und nährstoffreicher, durchlässiger Boden
Pflege: regelmäßig gießen; frostempfindlich, nicht vor Anfang Mai ins Freie setzen
Sorten: 'Anisum', 'Cinnamomum', 'Genoves', 'Green ruffles', *O. basil. minimum,* 'Osmin', 'Purpureum'

Topf- und Kletterpflanzen

Ihre Flexibilität und Mobilität machen Topfpflanzen für den kleinen Garten unentbehrlich. Nicht nur die wärmeliebenden Pflanzen aus dem Mittelmeerraum oder den Subtropen, auch viele unserer Gehölze, Stauden, Gräser sowie Kräuter, Obst und Gemüse sind für die Topfkultur zu haben. Durch die schier unbegrenzte Auswahl an Gefäßen findet jeder für sich das Passende.
Kletterpflanzen begrünen im Nu vertikale Strukturen und raumbildende Elemente und machen aus jedem kleinen Garten ein grünes »Wohnzimmer«. Mit den einjährigen »Gipfelstürmern« können Sie jährlich für Abwechslung sorgen und experimentieren. Mehrjährige Kletterer dagegen geben beständigen Sichtschutz und gleichbleibende Blütenpracht. Sie sind schön anzusehen und sorgen für einen Temperaturausgleich an Gebäuden, filtern Straßenstaub und bieten Lebensraum für Vögel und Insekten.

Enzianbaum
Lycianthes rantonnetii

Höhe: 1,5–2 m
Blütezeit: Juni–Oktober
sommergrüner Strauch

➤ **lange Blütenpracht**

Aussehen: buschiger Wuchs, klettert auch; eiförmig, dunkelgrüne Blätter; dunkelviolette Blüten mit gelbem Auge; alle Teile sind giftig
Standort: sonnig bis schattig; durchlässige Einheitserde
Pflege: im Sommer viel gießen; bis August wöchentlich düngen; nach Rückschnitt um die Hälfte dunkel und kühl (4–10 °C) überwintern
Gestaltung: im Kübel dekorativ als Hochstämmchen; Sorte 'Grandiflorum' besonders reich blühend

Rosenhochstämme
Rosa-Arten und -Sorten

Höhe: 40–100 cm
Blütezeit: Juni–Oktober
Laub abwerfender Strauch

➤ **Königin im Kübel**

Aussehen: auf einem Stamm veredelte Beet-, Flächen- oder Edelrosen; einfache oder gefüllte Blüten in allen Rosenfarben
Standort: sonnig; humoser, sandig-lehmiger Boden
Pflege: in der Blütezeit ausgiebig gießen; im April, Juni und August Rosendünger geben; draußen überwintern und im Frühjahr zurückschneiden
Gestaltung: Hochstamm 90 cm, Halbstamm 60 cm, Fußstamm 40 cm; mit niedrigen Stauden unterpflanzen

✿ pflegeleicht ☼ sonnig ◑ halbschattig ● schattig ☒ giftig/hautreizend

Clematis, Waldrebe
Clematis-Hybriden

Höhe: 2–4 m
Blütezeit: Juni–Oktober
sommergrüne Rankpflanze

➤ **sehr sortenreich**

Aussehen: große Blüten in Weiß, Rosa, Rot, Blau, Violett, auch mehrfarbig; Früchte mit silbrigem Haarschweif
Standort: Triebe sonnig, Wurzelbereich schattig; frischer, nährstoffreicher, durchlässiger Boden, der nicht austrocknen darf, keine Staunässe
Pflege: bei Trockenheit öfter gießen; einmal jährlich Kompost oder Volldünger geben; regelmäßiger Rückschnitt
Gestaltung: vor allem an Mauern, Spanndrähten, Spalieren, Pergolen

Kletterhortensie
Hydrangea anomala subsp. *petiolaris*

Höhe: 5–8 m
Blütezeit: Juni–Juli
sommergr. Wurzelkletterer

➤ **zart duftend** ✿

Aussehen: herzförmige, oberseits glänzende, dunkelgrüne Blätter, sommergrün; große, weiße Doldenblüten; Früchte unscheinbar
Standort: halbschattig bis schattig, geschützt; frischer, saurer, humoser Boden; für Stadtklima geeignet
Pflege: anfangs aufleiten, im Alter anbinden; bei Trockenheit regelmäßig gießen; Schnitt bei Bedarf
Gestaltung: an Wänden, Mauern und Bäumen; wächst anfangs langsam

Wilder Wein
Parthenocissus quinquefolia

Höhe: 8–15 m
Blütezeit: Juni–Juli
sommergrüne Rankpflanze

➤ **schöne Herbstfärbung** ✿

Aussehen: fünffingrige Blätter, sommergrün; orange bis karminrote Herbstfärbung; unscheinbare gelbliche Blüten und blauschwarze Früchte
Standort: sonnig bis halbschattig; tiefgründiger, frischer bis feuchter Boden; für Stadtklima geeignet
Pflege: anfangs etwas aufleiten, später keine Kletterhilfe notwendig; jederzeit schnittverträglich
Gestaltung: klettert überall (Mauern, Wände, Zäune, Pergolen)

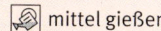 duftend   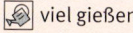 mittel gießen   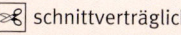 viel gießen   schnittverträglich   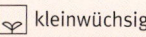 kleinwüchsig

Weitere Pflanzen

Blütenpflanzen

Name	Licht	Boden	Blütezeit/ Blütenfarbe	Wuchshöhe/ Wuchsform	Besonderheiten
Eisenkraut *Verbena*-Hybriden	☀	durchlässig, humos	Juni–Sept. weiß, rosa, rot, blau, violett	20–50 cm aufrecht, leicht überhängend	einjährig; lange, üppige Blüte
✿ **Fetthenne** *Sedum telephium* 'Herbstfreude'	☀	normal bis sandig	Sept.–Okt. bräunlichrot	40–50 cm buschig, aufrechte Stängel	mehrjährig; dekorative Blütenstände auch über Winter belassen
Gänseblümchen *Bellis perennis*	☀ ◐	locker, nährstoffreich	April–Juni weiß, rosa, rot	15–20 cm niedrig	zweijährig; einfache, gefüllte oder pomponartige Formen
Gartenastilbe *Astilbe x arendsii*	◐	feucht, nährstoffreich	Juli–Sept. weiß, rosa, rot	60–120 cm locker, buschig	mehrjährig; dekoratives Laub
✿ **Glockenblume, Pfirsichblt.** *Campanula persicifolia*	☀	lehmig	Juni–Juli weiß, blau	90–100 cm aufrecht	mehrjährig; Schnittblume
Goldlack *Erysimum cheiri*	☀	normal	April–Mai gelb, orange, rot	30–70 cm buschig	zweijährig; süß duftend
✿ **Herbstanemone, Jap.** *Anemone hupehensis* var. *japonica*	◐ ●	lehmig, humos	Aug.–Okt. rosa, weiß, dunkelrot	70–100 cm locker, aufrecht	mehrjährig;
✿ **Jungfer im Grünen** *Nigella damascena*	☀	schwer, nährstoffreich	Juni–Sept. blau, rosa, weiß	40–50 cm buschig	einjährig; sehr zart; sät sich selbst aus
Katzenminze *Nepeta x faassenii*	☀	normal	Juni–Sept. lilablau	30 cm kleinbuschig	mehrjährig; auch als Einfassung
✿ **Ringelblume, Garten-** *Calendula officinalis*	☀	locker, nährstoffreich	Juni–Sept. gelb bis tieforange	30–70 cm aufrecht	einjährig; alte Heilpflanze; Schnittblume
Rittersporn *Delphinium-Belladonna-/ Delphinium-Elatum-*Gruppe	☀	normal, nährstoffreich	Juni–Juli u. Sept. weiß, rosa, rot, hellblau, violett	60–160 cm aufrecht, kräftige Stiele	mehrjährig; schöne Schnittblume, geeignet zum Trocknen
Salbei, Steppen- *Salvia nemorosa*	☀	normal, kalkhaltig	Juni–Okt. blau, violett	30–50 cm buschig	mehrjährig; lange Blütezeit; kein Gewürz
Staudenphlox *Phlox paniculata*	☀	frisch, nährstoffreich	Juni–Sept.; weiß, rosa, rot, violett	60–110 cm aufrecht	mehrjährig; besonders abends angenehm duftend

Name	Licht	Boden	Blütezeit/ Blütenfarbe	Wuchshöhe/ Wuchsform	Besonderheiten
Storchschnabel, Blutroter *Geranium sanguineum*	☼	normal	Mai–Sept. karminrot	20 cm kriechende Triebe	mehrjährig; auch als Bodendecker
✿ **Studentenblume** *Tagetes*-Arten	☼	feucht bis trocken, mäßig nährstoffreich	Mai–Okt. gelb, orange, rotbraun, einfach oder gefüllt	20–120 cm niedrige bis hohe, breite Horste	einjährig; sehr einfach zu kultivieren; üppige Blüte
✿ **Sommermargerite** *Leucanthemum maximum*	☼	normal	Juli–Aug. weiß	70–100 cm buschig, aufrecht	mehrjährig; robuste Schnittstaude
Sonnenbraut *Helenium*-Hybriden	☼	normal	Juli–Sept.; gelb, braunrot, rot	70–100 cm aufrecht	mehrjährig; unermüdlicher Blüher
Taglilie *Hemerocallis*-Hybriden	☼ ◑	normal	Juni–August gelb bis rot	80–100 cm dicht büschelig, Stängel aufrecht	mehrjährig; schön für die Vase
✿ **Vergissmeinnicht** *Myosotis sylvatica*	☼	locker, humos, frisch-feucht	April–Juni blau	15–40 cm breitbuschig	zweijährig; höhere Sorten gute Schnittblume

Zwiebel- und Knollenpflanzen

Name	Licht	Boden	Blütezeit/ Blütenfarbe	Wuchshöhe	Besonderheiten
Blaulauch *Allium aflatunense*	☼	trocken-frisch, durchlässig	Mai–Juni purpurviolett	70–100 cm	schöne Schnittblume; Fruchtstände z. Trocknen
Dahlie *Dahlia*-Hybriden	☼	durchlässig, nährstoffreich	Juli–Okt. alle außer blau	30–150 cm	niedr. Sorten für Einfassungen, hohe Sorten einzeln
Gartentulpe *Tulipa*-Arten	☼ ◑	durchlässig, nährstoffreich	März–Mai alle außer blau	20–60 cm	späte Sorten eignen sich als Schnittblumen
Krokus *Crocus*-Hybriden	☼ ◑	durchlässig	März–April weiß, gelb, violett, rosa, blau	5–10 cm	zum Verwildern geeignet
Montbretie *Crocosmia*-Arten	☼	nährstoffreich, durchlässig	Juli–Sept. orange, rot	50–80 cm	geschützter Standort; gute Schnittblume
Prärielilie *Camassia quamash*	☼	feucht bis frisch	Mai–Juni blau, weiß	40–80 cm	anspruchslos; gute Schnittblume
Traubenhyazinthe *Muscari*-Arten	☼ ◑	durchlässig	März–Mai blau, violett, weiß, rosa	15–30 cm	zum Vortreiben geeignet

Ziergehölze

Name	Licht	Boden	Blütezeit/ Blütenfarbe	Wuchshöhe/ Wuchsform	Besonderheiten
✿ **Berberitze, Thunbergs-** *Berberis thunbergii*	☀ ◐	sandig-lehmig, durchlässig	Mai gelb	0,5–2 m strauchartig, dicht, buschig	immergrün; rote Herbst-färbung; für niedrige Hecken
Clandon-Bartblume *Caryopteris x clandonensis*	☀	humos, trocken	Aug.–Okt. violettblau	bis 1 m breitbuschig	aromatisch duftend
Felsenbirne, Kahle *Amelanchier laevis*	☀ ◐	neutral-sauer	Mai weiß	bis 5 m strauchartig	schöne Herbstfärbung; Früchte essbar
✿ **Kornelkirsche** *Cornus mas*	☀ ◐	lehmig, kalkhaltig	Febr.–April gelb	bis 5 m strauchartig	essbare Früchte
Lavendelheide, Vielblütige *Pieris floribunda*	◐	frisch, humos, sauer, sandig	März–April cremeweiß	1,5–2 m breitbuschig	immergrün; für Stadt-klima geeignet
✿ **Liguster, Gewöhnlicher** *Ligustrum vulgare*	☀ ◐ ●	alle Böden	Juni–Juli gelblichweiß	3–5 m dichter Strauch	giftige Beeren; niedrigere Sorte 'Atrovirens', 'Lo-dense' für Hecken
✿ **Mahonie, Gewöhnliche** *Mahonia aquifolium*	☀ ◐	sandig, kiesig, humos	April–Mai gelb	0,8–1 m buschig, aufrecht	immergrün; für Stadtklima geeignet
Mandelbäumchen *Prunus triloba*	☀	sandig-lehmig, durchlässig	April–Mai rosa	2 m Strauch, Zierbaum	prächtiger Blütenschmuck; einzeln setzen
Perowskie *Perovskia abrotanoides*	☀	sandig, kalkhaltig	Aug.–Sept. lilablau	bis 0,5 m Halbstrauch	Zweige silbergrau; Bienennährgehölz
Perückenstrauch *Cotinus coggygria*	☀	kalkhaltig	Juni–Juli gelb	2–5 m strauchartig, breitbuschig	tolle Fruchtstände; niedrigere, rotblättrige Sorte 'Royal Purple'
Pfeifenstrauch, Duftender *Philadelphus x virginalis*	☀ ◐	lehmig, nährstoffreich	Juni–Juli weiß	2–4 m strauchartig, steif, aufrecht	starker Duft; Sorten auch niedriger
Ranunkelstrauch, Gefüllter *Kerria japonica* 'Pleniflora'	☀ ●	nährstoffreich, neutral	Mai–Juli gelb	1–2 m strauchartig	für Stadtklima geeignet
✿ **Scheinquitte, Japanische** *Chaenomeles japonica*	☀ ◐	leicht sandig, durchlässig	März–April ziegelrot	0,8–1,5 m strauchartig	anspruchslos; Früchte gekocht genießbar
Seidelbast, Gewöhnlicher *Daphne mezereum*	◐ ●	feucht, kalkhaltig	Febr.–April rosa, karminrot	0,6–1,2 m strauchartig	giftige Früchte und Rinde
Stechpalme, Japanische *Ilex crenata*	☀ ◐	lehmig bis sandig, kalkfrei	Mai–Juni weiß	2–3 m dicht, sparrig	immergrün; wind-empfindlich

Obst, Gemüse, Kräuter

Name	Licht	Boden	Erntezeit/ Erntegut	Wuchshöhe	Besonderheiten
Apfel *Malus-Sorten*	☀	humos, durchlässig, neutral	Aug.–Nov.	1–2,5 m als Busch- oder Spindelbaum	Ballerina-Sorten gut für Töpfe geeignet
Aubergine *Solanum melongena*	☀	feucht, nährstoffreich	Aug.–Sept.	80–100 cm	'Weiße Aubergine' ideal für Kübel
Birne *Pyrus-Sorten*	☀	lehmig, sandig, nährstoffreich	Okt.–Nov.	1–2,5 m als Busch- oder Spindelbaum	für Spalier gut geeignet
Dill *Anethum graveolens*	☀ ◐	humos, nährstoffreich	Juni–Okt./ Blätter, Samen	50–100 cm	einjährig; dekorative gelbe Blütenstände
✤ **Echter Thymian** *Thymus vulgaris*	☀	durchlässig, trocken	ganzjährig/ Blätter, Zweige	20–40 cm	mehrjährig; zum Trocknen geeignet
✤ **Garten-Bohne** *Phaseolus vulgaris*	☀	locker, kalkhaltig	Juli–Aug.	0,3–0,5/bis 3 m	Buschbohnen niedrig; Stangen-/Feuerbohnen klettern hoch
Garten-Rettich *Raphanus sativus*	☀ ◐	locker, humos	Mai–Sept.	10–20 cm	Sorten mit roten und rot-weißen Knollen
Gurke *Cucumis sativus*	☀ ◐	feucht, nährstoffreich	Juli–Sept.	bis 50 cm	einjährig, kriechend oder rankend
Paprika *Capsicum annuum*	☀	nährstoffreich, humos	Juli–Sept.	30–80 cm	gelbe, rote, orange, grüne Früchte;
Petersilie *Petroselinum crispum*	☀ ◐	feucht, nährstoffreich	April–Nov./ Blätter	20–30 cm	glattblättrige Sorten sind aromatischer
✤ **Pflücksalat** *Lactuca sativa var. crispa*	☀ ◐	durchlässig, humos	Mai–Okt.	20–30 cm	nur äußere Blätter ernten, wächst nach
Rosmarin *Rosmarinus officinalis*	☀	durchlässig, humos	ganzjährig/ Blätter, Zweige	50–100 cm	mehrjährig; nicht winterhart
Sauerkirsche *Prunus cerasus*	☀	nährstoffreich, neutral	Juni–August	2–4 m	Zwergsträucher erhältlich, für Spalier gut geeignet
✤ **Schnittlauch** *Allium schoenoprasum*	☀ ◐	humos, nährstoffreich	ab April/ Blätter, Blüten	20–30 cm	mehrjährig; zum Einfrieren geeignet
Stachelbeere *Ribes uva-crispa*	☀ ◐	nährstoffreich, lehmig, kalkhaltig	Juni–Juli	1–1,5 m	für Hecken oder als Hochstämme
✤ **Zucchini** *Cucurbita pepo*	☀	humos, nährstoffreich	Juli–Sept.	40–60 cm	auch Sorten mit gelben Früchten

Kletterpflanzen

Name	Licht	Boden	Blütezeit/ Blütenfarbe	Wuchshöhe	Besonderheiten
Efeu, Gewöhnlicher *Hedera helix* ✿	◐ ●	humus- und nährstoffreich	Sept.–Okt. grünlichgelb	5–25 m	mehrjährig; immergrüner Wurzelkletterer; auch als Bodendecker geeignet
Feuerbohne *Phaseolus coccineus*	☼ ◐	normal, lehmig	Juni–Sept. rot	3–4 m	einjähriger Schlinger; Früchte gekocht essbar
Geißschlinge *Lonicera x heckrottii*	☼ ◐	normal, lehmig	Juni–Sept. gelbl.–rötl.	3–4 m	mehrjährig; sommergrüner Schlinger; auch immergrüne Arten
Japanischer Hopfen *Humulus japonicus* ✿	☼ – ●	feucht, mäßig nährstoffreich	Aug.–Sept. gelblichgrün	3–4 m	einjähr. Schlinger; schönes Laub; bietet guten Sichtschutz
Prunkwinde *Ipomoea tricolor*	☼	locker, nährstoffreich	Juli–Okt. weiß-rot-blau	2–3 m	einjähriger Schlinger; auch für Kübel geeignet; wind-empfindlich
Schwarzäugige Susanne *Thunbergia alata*	☼	nährstoffreich, durchlässig	Mai–Okt. gelb–orange mit schwarzem Auge	1–2 m	einjähriger Schlinger; langsamer Wuchs; auch für Töpfe geeignet
Wilder Kiwi *Actinidia arguta*	☼ ◐	normal, lehmig	Juni weiß	5–8 m	mehrjähriger Schlinger; essbare Früchte

Blattschmuckpflanzen

Name	Licht	Boden	Blattwerk	Wuchshöhe/ Wuchsform	Besonderheiten
Fuchsrote Segge *Carex buchananii*	☼	sandig, humos, kalkhaltig	lange, dünne rot-braune Halme	40 cm aufrecht, graziös	mehrjährig; nahezu winter-grün, im Herbst nicht ab-abschneiden
Funkie *Hosta*-Arten	◐ ●	frisch, humos	versch. Formen und Farben	30–90 cm horstartige Büsche	mehrjährig; violette oder weiße Blüten im Sommer
Graue Heiligenblume *Santolina chamaecyparissus*	☼	jeder Gartenboden	immergrün, feingefiedert, silbergrau	30 cm kompakt, rundlich	mehrjähriger Halbstrauch, für Einfassungen; Winter-schutz erforderlich
Rutenhirse *Panicum virgatum* 'Rehbraun' ✿	☼	tiefgründig, frisch-feucht	braun schim-mernde Blätter und Halme	100–120 cm aufrecht, überhängend	mehrjährig; schöner Vasen-schmuck; über Winter stehen lassen

Name	Licht	Boden	Blattwerk	Wuchshöhe/ Wuchsform	Besonderheiten
Wald-Frauenfarn *Athyrium filix-femina*	◐ ●	feucht, locker, humusreich	hellgrüne, fein gefiederte Blätter	50–70 cm steif aufrecht	mehrjährig; einzeln pflanzen
✿ **Wollziest** *Stachys byzantina*	☀	trocken-frisch, nährstoffarm	breit eiförmig, dick, behaart	10–30 cm teppichbildend	mehrjährig; anspruchsloser Bodendecker

Bodendecker

Name	Licht	Boden	Blütezeit/ Blütenfarbe	Wuchshöhe	Besonderheiten
Bodendeckerrose *Rosa*-Arten	☀ ◐	sandig-lehmig, nährstoffreich	Mai–Okt.; alle Farben außer blau	40–80 cm	sommergrün; niederliegend bis buschig; zahlreiche Sorten
✿ **Dickmännchen** *Pachysandra terminalis*	◐ ●	frisch, neutral	April–Mai weißgrün	20–30 cm	staudiger Halbstrauch; wintergrün
✿ **Kleines Immergrün** *Vinca minor*	◐ ●	frisch, humos, sauer	April–Mai blauviolett	10–15 cm	wintergrün
✿ **Kletternder Spindelstrauch** *Euonymus fortunei*	☀ – ●	jeder Gartenboden	Juni–Juli grünlichweiß	30 cm	immergrün; auch buntlaubige Sorten; klettert auch
✿ **Spierstrauch** *Spiraea decumbens*	☀ ◐	frisch, mäßig nährstoffreich	Juni weiß	25–30 cm	sommergrün; robust, anspruchslos

Topfpflanzen

Name	Licht	Blütezeit/ Blütenfarbe	Wuchs- höhe	Pflege	Überwinterung/ Besonderheiten
Garten-Hortensie *Hydrangea macrophylla*	☀ – ●	Juni–Sept. rosa, rot, blau, weiß	1–1,5 m	viel u. gleichmäßig gießen; alle 2–3 Wochen Rhododendrondünger	hell oder dunkel, bei 2–8 °C; Rhododendron- erde verwenden
Lorbeerbaum *Laurus nobilis*	☀ ◐	April–Mai unscheinbar	bis 2 m	gleichmäßig gießen, wöchentlich düngen	hell, bei 0–6 °C; immergrün
Schmucklilie *Agapanthus*-Hybriden	☀	Juli–Aug.; blau, violett, weiß	1–1,5 m	viel gießen; alle 1–2 Wochen düngen	mäßig hell, bei 4–8 °C; immergrüne Formen
Wandelröschen *Lantana camara*	☀	Juni–Okt.; je nach Sorte	0,3–1 m	gleichmäßig gießen, alle 2 Wochen düngen	hell oder dunkel, bei 6–10 °C; giftig;
Zwergbambus *Sasa palmata*	☀ ◐	keine	1,5–2 m	viel gießen, Langzeit- dünger beimischen	draußen bis –18 °C; immergrün

Arbeitskalender

Januar – April: Start ins Gartenjahr

JANUAR

➤ **Planen:** Winterzeit ist Schmökerzeit! Wenn Sie Ihre Beete neu bestücken wollen, ist jetzt genügend Zeit, um in Ruhe auszuwählen. Kataloge vom Gartenversand anschauen.

➤ **Gestalten:** Überlegen Sie, ob Sie etwas umgestalten wollen und was Sie dafür brauchen.

➤ **Pflegen:** Immergrüne Pflanzen kontrollieren und ggf. an frostfreien Tagen gießen; Winterschutz kontrollieren; Kübelpflanzen im Winterquartier anschauen, ggf. etwas gießen.

FEBRUAR

➤ **Planen:** Pflanzenlisten für den Einkauf zusammenstellen; legen Sie ein Gartentagebuch an; zeichnen Sie Licht- und Schattenverhältnisse im Garten auf.

➤ **Pflanzen:** Früh blühende Sommerblumen im Haus aussäen. Jetzt den Boden testen.

➤ **Bauen:** An frostfreien Tagen können Sie mit den Arbeiten für ein Hochbeet beginnen.

➤ **Pflegen:** Ziersträucher und Obstgehölze auslichten bzw. zurückschneiden.

Mai – August: Hochsaison im Garten

MAI

➤ **Gestalten:** Ideale Zeit für Rasenneuanlage.

➤ **Pflanzen:** Nach den Eisheiligen Sommerblumen, Kräuter und Gemüse draußen pflanzen, ebenso im Herbst blühende Knollenpflanzen.

➤ **Pflegen:** Kübelpflanzen ins Freie bringen; Rasen mähen; frühlingsblühende Sträucher auslichten; Beete jäten und mulchen; nach Schädlingen Ausschau halten, ggf. bekämpfen. Erster Heckenschnitt, sobald Jungvögel flügge sind.

JUNI

➤ **Planen:** Genießen Sie Ihren Garten!

➤ **Gestalten:** Illusionsmalerei gestalten.

➤ **Pflanzen:** Schnell reifendes Gemüse rechtzeitig nachsäen; sommerblühende Stauden und Salatpflanzen einsetzen.

➤ **Pflegen:** Unkraut jäten; Geiztriebe von Tomaten ausbrechen; hohe Stauden aufbinden, evtl. durch Stutzen Blütezeit verschieben; Kletterpflanzen anbinden; Blütengehölze auslichten; Hecken schneiden.

September – Dezember: Ausklang im Gartenjahr

SEPTEMBER

➤ **Planen:** Überlegen Sie sich, ob Sie neue Gehölze möchten und wo sie stehen sollen.

➤ **Pflanzen:** Den Boden für Gehölze vorbereiten, mit Kompost anreichern; evtl. Stauden und zweijährige Sommerblumen pflanzen.

➤ **Pflegen:** Abgeblühte Stauden zurückschneiden; Samen von Sommerblumen sammeln; Spalierobst und immergrüne Hecken schneiden.

OKTOBER

➤ **Pflanzen:** Letzter Zeitpunkt fürs Stecken der Frühjahrszwiebeln; Gehölze und herbstblühende Stauden pflanzen.

➤ **Bauen:** Gute Zeit für Wegebau etc.

➤ **Pflegen:** Kübelpflanzen einräumen bzw. für Überwinterung draußen vorbereiten; Boden mit Kompost düngen; Stauden teilen; Knollen von Dahlien u. ä. herausnehmen, kühl lagern; spät angebautes Gemüse abdecken.

MÄRZ

- **Planen:** Notieren Sie sich, was Ihnen in anderen Gärten gefällt – einfach nachmachen!
- **Pflanzen:** Den Boden mit der Grabgabel lockern; Ziergehölze, Beerensträucher und zweijährige Blumen pflanzen.
- **Bauen:** Hochbeet fertig bauen; Rindenmulch auf Wegen ergänzen; Spaliere, Trennwände u. Zäune bei Bedarf reparieren oder ergänzen.
- **Pflegen:** Ziergräser zurückschneiden, Unkraut jäten; Kübelpflanzen mehr gießen.

APRIL

- **Gestalten:** Sitzplatz vorbereiten, Gartenmöbel aufstellen; Sonnensegel montieren.
- **Pflanzen:** Evtl. Gründüngung oder Sommerblumen, Radieschen, Möhren aussäen; Stauden, Beerensträucher pflanzen.
- **Bauen:** Wege und Stufen anlegen, Topfpyramide bauen und Klettergerüste montieren.
- **Pflegen:** Kübelpflanzen umtopfen, tagsüber ins Freie stellen; Winterschutz im Garten entfernen; Wasserhähne etc. in Betrieb setzen.

JULI

- **Planen:** Jetzt sehen Sie, was Sie vielleicht verändern wollen – notieren Sie Ihre Ideen im Gartentagebuch.
- **Gestalten:** Jetzt ist es Zeit für die erste Grillparty mit Freunden.
- **Pflanzen:** Lücken ggf. mit neuen Pflanzen auffüllen; Salat nachpflanzen.
- **Pflegen:** Unkraut jäten; bei Trockenheit gründlich wässern; zwischen Jungpflanzen nachmulchen; Verblühtes entfernen.

AUGUST

- **Planen:** Die Obsternte beginnt – probieren Sie neue Rezepte aus. Blumenzwiebeln kaufen. Zeichnen Sie wieder Licht- und Schattenverhältnisse im Garten auf.
- **Pflanzen:** Zwiebeln von Blaustern, Hyazinthen, Narzissen, Tulpen etc. stecken.
- **Pflegen:** Hohe Stauden stützen, verblühte Stauden zurückschneiden; abgeerntete Beete mit Kompost anreichern; Mulchdecken ergänzen; immergrüne Hecken schneiden.

NOVEMBER

- **Planen:** Neue Pflanzenkataloge bestellen.
- **Pflanzen:** Gehölze und Rosen pflanzen; kleinere Zwiebeln und Knollen noch einsetzen.
- **Pflegen:** Beete dick mit Rindenmulch oder Kompost mulchen; hohe Gräser zusammenbinden, schöne Fruchtstände von Gräsern und Stauden stehen lassen; bei Frost Winterschutz auflegen; Wasser abstellen, Schläuche entleeren.

DEZEMBER

- **Planen:** Werten Sie Ihr Gartentagebuch aus, sammeln Sie Ideen für neue Planungen; bereiten Sie ggf. Vogelfütterung für Garten oder Terrasse vor.
- **Pflegen:** Kübelpflanzen im Winterquartier kontrollieren; evtl. immergrüne Pflanzen wässern und von Schneelast befreien; Gehölze schneiden, Geräte reinigen und gegebenenfalls in Stand setzen.

Die **halbfett** gesetzten Seitenzahlen verweisen auf Abbildungen.

Literatur

Hertle, B., Kiermeier, P., Nickig, M.: Gartenblumen. Gräfe und Unzer Verlag, München

Mayer, J.: Gartenjahr für Einsteiger. Gräfe und Unzer Verlag, München

Mayer, J., Strauss, F.: Balkon und Kübelpflanzen für Einsteiger. Gräfe und Unzer Verlag, München

Simon, H.: Gärten gestalten. Gräfe und Unzer Verlag, München

Toll, J.: Kleine Gärten. Christian Verlag, München

Zeitschriften

Architektur & Wohnen/living gardens. Jahreszeiten Verlag, Hamburg

Eden. P&P GmbH, Gütersloh

FLORA. Gruner + Jahr, Hamburg

Gärtnern leicht gemacht/ Living & More. Living and More Verlag, Offenburg

Kraut & Rüben. DLV GmbH, München

Mein schöner Garten/Gartenträume. Burda Senator Verlag GmbH, Offenburg

Bezugsquellen

Ahrens + Sieberz, 53718 Siegburg-Seligenthal

Staudengärtnerei Dieter Gaissmayer, Jungviehweide 3, 89257 Illertissen www.staudengaissmayer.de

Gärtnerei Pötschke Kaarst GmbH, 41564 Kaarst

Unopiu', Am Dornbusch 24–26, 64390 Erzhausen www.unopiueuropa.de

Wörlein Baumschulen, Baumschulweg 9, 86911 Dießen / Ammersee www.woerlein.de

Adressen

Bundesverband Garten-, Landschafts- und Sportplatzbau e. V., Alexander v. Humboldt-Str. 4, 53604 Bad Honnef www.galabau.de

Bund Deutscher Landschaftsarchitekten e. V., Köpenicker Str. 48/49, 10179 Berlin www.bdla.de

Royal Horticultural Society, 80, Vincent Square, GB-London SW1P2PE

Bildnachweis

Bornemann: 4/5, 25 o., 25 mi., 25 u., 36, 42 re., 47 re., U4 mi.; Borstell: U1, 8 re., 16, 17, 18, 44 li.; Caspersen: 48 re.; Hahnenstein: 22; Nichols/Brinsby College: 7; Nichols/Sue Berger: 10 li.; Nickig: 9, 19, 35 mi., 49 mi.; Pforr: 43 li., 43 mi., 45 li., 46 li., 47 li., 49 re.; Redeleit: 10 re., 21 re. o., 29, 30, 35, 42 li., 44 re., 46 re., 47 mi.; Reinhard: 11, 14, 21 re. u., 43 re., 45 re., 48 li., 49 li.; Salomon, von: 31; Schneider/Will: 2/3, 3, 12, 15, 23, 27 re. u., 33 re. o., 34, 40/41, 64, U4 li.; Strauß: 8 li., 13, 26, 33 re. u., 37, U4 re; Strauß/GBA/Didillon: 38; Strauß/GBA/GPL: 6, 28 re.; Strauß/GBA/Nichols: 24, 27 re. o., 32; Strauß/GBA/Noun: 1; Welsch: 20.
Illustrationen: Judith Starck (S. 21, 27, 28, 33) und Heidi Janiček (S. 39).
Fotos auf dem Umschlag und im Innenteil: Umschlagvorderseite: Sitzplatz; Umschlag innen/S.1: kleiner Stadtgarten; S. 4/5: Pflanze angießen; 40/41: Akelei und Iris; S. 64: Klatschmohn und Iris; Umschlagrückseite: Glockenblume, Fingerhut und Rosen (li.), richtig Pflanzen (mi.), Höhenabstufungen im Garten (re.).

Wichtige Hinweise

➤ Einige der hier beschriebenen Pflanzen sind giftig oder hautreizend. Sie dürfen nicht verzehrt werden.

➤ Bewahren Sie Dünge- und Pflanzenschutzmittel für Kinder und Haustiere unerreichbar auf.

➤ Wenn Sie sich bei der Gartenarbeit verletzen, sollten Sie umgehend einen Arzt aufsuchen. Eventuell ist eine Impfung gegen Tetanus erforderlich.

Die Autorin

Judith Starck ist Diplomingenieurin der Landschaftsarchitektur. Sie war mehrere Jahre in Landschaftsarchitekturbüros beschäftigt und sammelte dabei viel Berufserfahrung. Dieses Wissen bringt sie heute als Gartenredakteurin und Autorin ein.

Impressum

© 2003 Gräfe und Unzer Verlag GmbH, München Alle Rechte vorbehalten. Nachdruck, auch auszugsweise, sowie Verbreitung durch Film, Funk, Fernsehen und Internet, durch fotomechanische Wiedergabe, Tonträger und Datenverarbeitungssysteme jeder Art nur mit schriftlicher Genehmigung des Verlags.
Redaktionsleitung: Anne Hahnenstein
Redaktion: Angelika Holdau
Lektorat: Eva Tauber
Bildredaktion: Adriane Andreas
Umschlaggestaltung und Layout: independent Medien-Design, München
Produktion: Renate Hutt
Satz: Uhl + Massopust, Aalen
Reproduktion: Longo, Bozen
Druck und Bindung: Kaufmann, Lahr
Printed in Germany
ISBN: 3-7742-5443-5

Auflage	4	3	2	1
Jahr	2006	2005	2004	2003

GRÄFE UND UNZER

Ein Unternehmen der
GANSKE VERLAGSGRUPPE

Das Original mit Garantie

Ihre Meinung ist uns wichtig. Deshalb möchten wir Ihre Kritik, gerne aber auch Ihr Lob erfahren. Um als führender Ratgeberverlag für Sie noch besser zu werden. Darum: Schreiben Sie uns! Wir freuen uns auf Ihre Post und wünschen Ihnen viel Spaß mit Ihrem GU-Ratgeber.

Unsere Garantie: Sollte ein GU-Ratgeber einmal einen Fehler enthalten, schicken Sie uns das Buch mit einem kleinen Hinweis und der Quittung innerhalb von sechs Monaten nach dem Kauf zurück. Wir tauschen Ihnen den GU-Ratgeber gegen einen anderen zum gleichen oder ähnlichen Thema um.

Ihr Gräfe und Unzer Verlag
Redaktion Garten
Postfach 86 03 25
81630 München
Fax 0 89/4 19 81-1 13
e-mail:
leserservice@
graefe-und-unzer.de

GU PFLANZENRATGEBER

Wenig tun, viel genießen.

ISBN 3-7742-5745-0
64 Seiten
7,90 € [D]

ISBN 3-7742-5444-3
64 Seiten
7,90 € [D]

ISBN 3-7742-5746-9
64 Seiten
7,90 € [D]

ISBN 3-7742-5441-9
64 Seiten
7,90 € [D]

ISBN 3-7742-3622-4
64 Seiten
7,90 € [D]

Gärtnern schnell & einfach? Gar kein Problem! Verwandeln Sie Garten, Terrasse, Balkon und Haus im Handumdrehen in eine grüne Oase. Das 5-Stufen-Erfolgsprogramm zeigt, wie's geht.

WEITERE LIEFERBARE TITEL BEI GU:

➤ **GU PFLANZENRATGEBER**: Rasen, Gartenteiche, Natürlich gärtnern, Rosen, Küchenkräuter

Gutgemacht. Gutgelaunt.

CLEVER PLANEN

Für den kleinen Garten ist ein gutes Gesamtkonzept das A & O, damit er richtig zur Geltung kommt und die Fläche optimal genutzt wird. Untersuchen Sie Boden, Lichtverhältnisse und Kleinklima und bringen Sie diese Voraussetzungen in Einklang mit Ihren **Wünschen**. Wichtig dabei: Weniger ist oft mehr.

So haben Sie Freude an Ihrem kleinen Garten

DIE VERTIKALE NUTZEN

Diverse feste und mobile **Trennelemente** gliedern den kleinen Garten und schaffen damit **zusätzliche nutzbare Fläche**. Begrünen Sie Ihre Zäune, Mauern, Wände, Pergolen etc. mit **Kletterpflanzen** und verwandeln Sie Ihren Garten gleichzeitig in einen grünen Dschungel.

SITZPLÄTZE GESTALTEN

Planen Sie nach Ihren **Bedürfnissen** auch verschiedene Sitzmöglichkeiten ein. Eine sonnige Terrasse für gesellige Runden am Haus und eine lauschige Leseecke im Garten. Mit **Klappmöbeln** sind Sie flexibel, für die Intimsphäre sorgt grüner Sichtschutz.

MOBILE KÜBELPFLANZEN

Setzen Sie Akzente mit **exotischen Pflanzen** und bringen Sie Abwechslung in die Pflanzenwelt. Die **Mobilität** und Vielgestaltigkeit der Kübel macht's möglich. Wie wär's mit kleinen Naschereien – auch **Obst und Gemüse** fühlen sich in Töpfen wohl.